とにかくやってみよう

不安や迷いが
自信と行動に変わる思考法

FEEL THE FEAR…AND DO IT ANYWAY
by Susan Jeffers

Japanese translation published by arrangement with
Susan Jeffers c/o Dominick Abel Literary Agency, Inc.
through The English Agency (Japan) Ltd.

20周年版によせて

私は奇跡を信じている。

私にとっては本書の成功こそ、奇跡以外の何ものでもない。

最初はどの出版社にも断られた。原稿を引き出しの奥にしまいこみ、数年間ほとんど思い出すこともなかった。だがある日、引き出しの整理をしていてこの原稿をみつけ、読み返した私は決心した。やっぱり絶対にこの本を世に出そう！

そして、不安を感じながらも再び出版社探しをはじめ、ついに刊行にこぎつけた。

あれから20年。本書は１００ヶ国以上で読まれ、30を超す言語に翻訳された。

いまだにその数が増えつづけているところを見ると、はるか昔に書いたこの本は、今でも、いやむしろ今のほうがより役に立っているように思える。

私の元には世界中の読者から手紙が届くが、それらを読むと、どこに住み、どんな人生を送っていようが、人はみな等しく怖れや不安をいだいているのがよくわかる。

そう、私たちの人生に怖れや不安はつきものなのだ。しかし、この本で紹介する方法を試せば、きっともっと豊かですばらしい人生が訪れるだろう。

今初めてこの本を開いたあなたに、信じていただきたい。

人は、どんなに不安でも前に踏み出せる。

内に秘めているパワー、わくわくする気持ち、そして愛によって、どんな不安も喜びに変えられる。それを実感してもらうための具体的方法を伝えるのが本書の目的だ。

これから伝える方法は、どれも一生使える。

これからのあなたは、人生で難問にぶつかるたびに、自分をもっともパワフルなほうへいざなうことができる。

自分の中に信じがたいほど強力な愛のパワー、成功のパワー、そしてこの世界をよりよいところにしていくパワーがあることに気づいて、驚くにちがいない。

最高の自分になるための旅は、エキサイティングで実り多い。その旅への大事な一歩を踏み出すあなたと、一緒に歩いていけることを心から幸せに思う。

心から心へ――

スーザン・ジェファーズ

とにかくやってみよう●目次

序）さあ、扉を開こう

あなたはどんなことに怖れや不安を感じますか？

「人前で話す」「自己主張する」「決断する」「人と親しくなる」「転職する」「孤独になる」「年をとる」「愛する人を失う」「愛が終わる」……

中にはこの全部が当てはまり、さらにつけたしたい人もいるかもしれない。

でも大丈夫。怖れや不安をいだいているのは、あなただけではない。みんなそうなのだ。

この社会では、怖れや不安は伝染病のようなものだ。何かを始めるのも終わるのも不安なら、変化するのも現状にとどまるのも不安。成功するのも失敗するのも、生きているのも死ぬのも不安だ。

多くの人は、怖れや不安に対処できないのは自分の心に問題があるからだと思っている。でも、そうではない。主な原因は〝教育〟だ。心を教育しなおせば、怖れも不安もけっして成功への道をはばみはしない。ここがわかれば勇気も湧いてくる。「私のどこがよくないのか?」と思っていたあなた、安心してほしい、あなたはどこも悪くない。

自分を教育しなおせば、必ず怖れにも不安にも立ち向かうことができる。気休めではない。私自身がそういう体験をしてきたのだ。

若いころ、私はいつも不安におびえ、自分のためにならない無駄なことにばかりしがみついていた。

当時の私の頭の中では、たえずささやき声が響いていた。あなたにも心あたりはないだろうか。「今の状況を変えないほうがいい。ここから出てもおまえは何もできない。ひとり立ちなんて絶対無理だ」。「チャンスに飛びついちゃダメだ。きっとしくじって後悔するぞ!」。こんなふうにくりかえしささやく声のことだ。

昔の私は、いつも何かが不安で、かたときも気が休まらなかった。

だが、転機は突然訪れた。ある日、鏡に映っている自分、我が身を哀れんで泣きはらし、目を真っ赤にした自分を見た瞬間、猛然と怒りが湧きあがり、私は鏡の中の自分に怒鳴っていた。「もうたくさん！　こんな人生はもう終わりよ！」

全身の力が果てるまで叫ぶと、おかしなことに、それまでにないほどほっとして、おだやかな気持ちになった。そのときはわからなかったが、このとき私は、自分の中のパワフルな何かにふれたのだ。

もう一度じっくり鏡をのぞきこんだ。今度は自分に向かってうなずき、ほほえんだ。聞き慣れたあの暗いささやきの代わりに、パワー、愛、喜びといったよいことだけを語りかける、それまで聞いたこともない明るい声が聞こえてきた。

この瞬間、私は固く誓った。もう不安なんかに支配させない。ネガティブな考え方から抜け出す方法を必ずみつける！　と。

昔から「学ぶ準備が整えば、師は必ず現れる」と言うが、その言葉どおり、学ぼうという気になったとたん、師はいたるところから現れた。私は手あたり次第に本を読み、ワークショップに参加し、話を聞いてくれる人と話をした。ありとあらゆるアドバイスや指導を夢中で試し、自分を怖れや不安の中に閉じこめていた考え方を捨て去った。

そして私は、世界は恐ろしいところではなく、喜びにあふれていることを知った。生まれて初めて愛の意味も実感できるようになった。

その後、ニュースクール社会研究学院で講座を持つことになったとき、私はその講座名を「不安は感じてあたりまえ、とにかくやってみよう！」とし、次のようなサマリーを書いた。

初めてのことに思いきってチャレンジするときや、これまでとは違うやり方で何かをするとき、誰もが不安を感じます。そのせいで前に踏み出せなくなってしまうこともよくあります。

これを乗り越えるカギは「不安は感じてあたりまえ、とにかくやってみよう！」です。この講座では、あなたが望みどおりに生きることをじゃまするものの正体を一緒に考えていきます。

世の中には、ラクだというだけで安直に生き方を選んでしまい、いきいきとした人生を送れていない人が大勢います。

この講座でいろいろなテキストを読んだり、ディスカッションをしたり、エクササイズを試したりしながら、どうして「今いる場所から動けない」のか、その理由を探り、自分の人生をコントロールする方法を学びましょう。

受講した生徒たちは、ものごとの考え方を変えるだけで、魔法のように人生が変わることに驚いた。

この本を手にしたあなたは、もしかしたら自分の本当に望む人生を歩んでいないと感じていながら、そして何かを変えなければとわかっていながら、一歩が踏み出せずにいるのかもしれない。

もしそうでも、心配はいらない。

人は、簡単には変われない。思いどおりの人生を築くには、ときに勇気がいる。さまざまな障害も立ちはだかる。でも、この本を読めばきっと、怖れにも不安にも立ち向かうことができるようになる。

読んでいる途中、あなたに「響く」部分があったら、ぜひ線を引いてほしい。そうすれば読み返したときに、あなたにとって重要な部分がすぐにみつけられる。

新しい考え方を実際に行動に移すには少々トレーニングが必要だが、前向きに取り組めば確実に進歩する。小さな一歩を踏み出すたびに、予想外の大きな満足が得られるはずだ。

今、あなたの中のすばらしい「何か」が、解き放たれるのを待っている。

本当はあなたもわかっているはずだ。

さあ、今こそ開こう！　あなたの内なるパワーへの扉を――。

1

人はなぜ怖れ、不安にかられるのか?

これから新学期の授業が始まる。

まだ誰も来ていないが、顔を見る前から新しい生徒たちのことはわかる。みんな同じ。努力はしているのに、これで大丈夫という自信が持てずにいる。

教室にやってきた生徒たちを見ると、緊張感が伝わってくる。互いにできるだけ離れて座り、言葉を交わすこともない。緊張半分、期待半分でじっと座っている。

彼らは人生が思いどおりにいっていないことを認め、自分でなんとかしようと思っている。だからこそ、ここに来るのだ。私は、そういう彼らが好きだ。

みんな同じ、という事実

授業が始まると、まず生徒一人ひとりに、今かかえている悩みを話してもらう。たとえばこんなふうだ。


✤ドンは14年間やってきた仕事を辞めて、芸術家になりたい。

✤メアリーは女優だが、ありとあらゆる言いわけを考えてオーディションを避けてしまう。どうしてそうなってしまうのか。

✤セーラは15年間の結婚生活を終わりにしたい。

✤テディは老いることの怖れを乗り越えたい。まだ32歳なのに……。

✤高齢のジーンは、かかりつけ医にガツンと言いたい。いつも子どものように扱われ、まともな説明をしてもらったことがないからだ。

✤パティは会社を大きくしたいのだが、なかなか次の一歩を踏み出せない。

✤レベッカはずっとくすぶっている不満のあれこれを夫にぶつけたい。

✤ケヴィンは、断られるのが怖くて女性をデートに誘えない自分をなんとかしたい。

✤ローリーは、人もうらやむような人生を送っているのに、どうして幸福感がないのかわからない。

✤定年退職したリチャードは、もう自分が必要とされていないような気がする。すでに人生が終わったようで不安だ。


それぞれが胸の内を正直に明かすにつれ、教室内の空気が変わっていく。最初の緊張感はまたたく間に消え、みんなほっとした表情になる。誰もが、不安なのは自分だけではないと気づく。それから、心を開いて自分の気持ちを正直に打ち明けるとき、人がどんなに魅力的になるかということにも——。

最後のひとりの話が終わるはるか前から、教室はあたたかな雰囲気と仲間意識でいっぱいになる。もう見知らぬ他人同士ではない。

生徒たちは経歴も境遇もばらばらだが、すぐに表面的な違いの下にある共通点が見えてくる。全員に共通していること、それは「怖れや不安のせいで人生を思いどおりに生きていない」という事実だ。

3つの怖れや不安

人がいだく怖れや不安は、3つのレベルに分けられる。

レベル1は、自分が置かれた状況に対する怖れや不安だ。これはさらに「自然に起きることへの怖れや不安」と、「行動をしなければならないことへの怖れや不安」に分けられる。

次ページの表を見てほしい。この他にも追加したいことがあるかもしれないが、「いくつか当たっている」とか「全部あてはまる」と思うのはあなただけではない。タチの悪いことに、怖れや不安は、ひとつ生じるとそれが人生のいろいろな面に波及してしまう。たとえば、知らない人と友だちになるのを怖がっていると、パーティに行くのも、誰かと親密な関係を築くのも、新しい仕事に応募するのも怖くなってしまう。

この連鎖は、次に紹介するレベル2の怖れや不安でよりはっきりする。

レベル2は、レベル1のように「置かれた状況」に対するものではなく、「自我」に関係

日本猫（キジトラ白）

レベル1（自分が置かれている状況に対する怖れや不安）の例

タイプ①

自然に起きることへの怖れや不安

老いる
体が不自由になる
引退する
ひとりぼっちになる
子どもたちが家を出てしまう
自然災害にあう
経済的安定を失う
死ぬ
戦争になる
病気になる
愛する人を失う
事故にあう
何かが変化する

タイプ②

行動しなければならないことへの怖れや不安

学校に行く
決断する
転職する
友だちをつくる
誰かと付き合う、あるいは別れる
病院に行く
自己主張する
ダイエットする
面接を受ける
車の運転をする
人前で話す
間違いをおかす
誰かと親密な関係になる

している。上の表にあるように、まわりの環境ではなく、自分の心の状態に関する怖れや不安であり、そこには、自意識や周囲の状況を処理する能力が反映されている。

たとえば人に拒絶されることが怖いとすれば、友だちやパートナーとの関係、仕事の面接など、人生のあらゆる面に影響が出てしまう。この人は、いつどこで拒絶されるかにかかわりなく、なんとか自分を守ろうとして、その結果自分の可能性を大きく狭めている。心を閉ざすことで、まわりの世界を閉め出そうとしてしまうのだ。

レベル2（自我に関する怖れや不安）の例

拒絶される
成功する
失敗する
傷つく
だまされる
無力
人に支持されない
イメージが損なわれる

もう一度、この表を見てほしい。どれも人生のさまざまな面に大打撃を与えることがわかるはずだ。

最後のレベル3はさらに核心に迫る。これはあなたを本当に立ちすくませてしまう最大の怖れであり不安である。それは、

「私にはどうしようもない！」

だ。

「えっ、それが最大の不安？」と拍子抜けしたかもしれないが、じつはあらゆる怖れや不安は、人生で出会うありとあらゆることが「自分ではどうしようもない」という、たったひとつのシンプルな感情に起因しているのだ。

これが本当かどうかを確かめてみよう。先にあげたレベル1の怖れや不安は、次のように言いかえることができる。

✤病気になっても、私ではどうしようもない。
✤失敗しても、私ではどうしようもない。
✤失業しても、私ではどうしようもない。
✤年をとっても、私ではどうしようもない。
✤ひとりぼっちになっても、私ではどうしようもない。
✤恥をかいても、私ではどうしようもない。
✤仕事がみつからなくても、私ではどうしようもない。
✤彼（彼女）にフラれても、私ではどうしようもない。
✤お金がなくなっても、私ではどうしようもない。……

続いて、レベル2の不安も言いかえよう。

✤成功して責任を持たされても、私ではどうしようもない。
✤失敗しても、私ではどうしようもない。
✤拒絶されても、私ではどうしようもない。……

つまり、突きつめればこうなる。

自分の力でどうにかなると思えれば、何が起きようと怖くない！

朗報ではないか。ここさえクリアできれば、自分をとりまく世界をコントロールすることなく、どんな怖れや不安にも対処できるのだ。たとえパートナーが何をしようと、友だちや子どもたちがどうだろうと、もうやっきになって相手を変えようとする必要はない。面接でも、仕事でも、新しいキャリアでも、お金でも、株価でも同じことだ。

くどいけれど、ここがいちばん大事なのでもう一度言う。

不安を軽くするためには、何があっても自力でどうにかできる！　と信じること。

これからは、何か不安にかられるたびに、それは自分が自分をちゃんと信頼していないからだ、ということを思い出してほしい。

「どうして自分に自信が持てないのでしょう」と聞かれることがよくある。はっきりとした答えは私にもわからない。ただ確かなことは、不安には、私たちがトラブルにあわないよう注意してくれる健全な不安と、わけもなく私たちにダメージを与えたり成長をはばむ不安があるということ。そしてそれらの不安は、私たち自身の考え方によって起きているらしいということだ。

「気をつけなさい」の意味

朝、学校に行こうという子どもに、「今日はいっぱい冒険してきなさい」と言う母親はまずいない。大半は「気をつけなさい」と言う。

この「気をつけなさい」には、「外の世界はとても危険だよ」という警告の意味と、「あなたにはそれをどうしようもない」という意味との両方が含まれている。つまり母親の真意は、「あなたに何かあっても、私ではどうしようもない」。自分の自信のなさを子どもにそのまま伝えているにすぎないのだ。

子どものころ、私の母は、すごくほしかった自転車をなかなか買ってくれなかった。母が言うことはいつも同じだった。「あなたがかわいいから言ってるの。事故にでもあったらどうするの」。子どもの私はそれを「あなたはまだ自転車になんか乗れない」という意味に受けとっていたが、今では本当の意味がわかる。「もしあなたが事故にでもあったら、母さんは立ち直れなくなってしまう」だったのだ。

この過保護な母が、あるとき大手術をした。私は面会に行き、その帰り際、鼻やのどにチューブをつけて集中治療室に横たわる母の耳元で、聞こえていないだろうと思いつつささやいた。「また来るからね。大好きだよ」。すると、部屋から出て行こうとする私の背後から、か細い声が聞こえた。その声は「気をつけなさい」と言っていた。麻酔でほぼ意識がないにもかかわらず……。

世の母親もみな、似たり寄ったりだろう。私たちは親から何百万回となく「気をつけなさい」と言われ続けて育つ。それを考えれば、私たちが家の外へ一踏み出すことさえ奇跡に思えてくる。

「犯人探し」より大切なこと

このように、私たちの怖れや不安は自分以外の何かのせいであることが多い。でも私は、その原因を知ることはそれほど重要ではないと思っている。なぜか？　たいていの場合、ネガティブな心理パターンの原因を突きとめるのは不可能だし、たとえわかったとしても、それによって何かが変わるものでもないからだ。悩みがあるなら、まずはシンプルにその事実を認め、変わるために必要な行動を起こすほうがずっと建設的だ。

ともかく行動を起こせば、何かを怖がって本当に思いどおりに生きていない自分に怒りを感じるようになるはずだ。そして何を変えればいいかもはっきりしてくる。まるでレーザー光線のように的確に、すべきことに焦点をあてることができるようになる。

不安になる理由をあれこれ思いわずらっても仕方がない。そんなことはどうでもいい。大事なのは、今、自信を育てはじめること。そして、「何が起きようと、どんな状況だろうと、私がどうにかする！」と言いきれるまで続けることだ。

疑い深い人はこう言うにちがいない。「そんなこと言ったって、体が不自由になったり、子どもが死んだり、ガンになったりしたらどうやってなんとかするのか？」

疑われるのももっともだ。私自身、かつては疑心暗鬼のかたまりだった。でもとにかくこのまま読み進めてほしい。そして私が紹介する方法で、勝利のチャンスをひとつずつつかみとってほしい。あなたはきっと、どんどん自信が湧いてきて、ついには人生で何が起ころうと、必ずどうにかできるようになる。

私がなんとかする！

この言葉を忘れないでほしい。短いけれど、これからの人生で耳にするどんな言葉より大事なひとことだ。

2

とにかくやってみよう!

ジャネットはもう何年も、不安がなくなるのを待ちつづけている。

本当は、子どもたちが学校に行くようになったら、もう一度大学に戻ろうと思っていた。でも、気づけば一番下の子ももう4年生。それでも計画を実行していない。言い訳が次々に浮かんでくる。「子どもが学校から帰ってきたとき、家にいてやらなくちゃ」「うちにはそんな余裕ないし」「夫が私に大事にされてないと思うに決まってる」……。

ある程度時間やお金をやりくりしなければならないのは確かだが、彼女がためらっているのはそんなことのせいではなかった。実際には、夫も協力的だった。いつも不安そうにイライラしている妻を気づかい、夢をかなえればいいじゃないかと、しょっちゅう励ましていたほどだ。

それでも近所の大学に電話して面接を申し込もうとするたびに、何かしら問題が起きた。「こんなにドキドキしてるんじゃとてもダメ、また落ち着いてるときに電話しよう」「もっと自信がついたら電話しよう」……。

ジャネットは、きっとこれからもずっと待ちつづけるだろう。

待っていても不安はなくならない

問題は、彼女の頭の中が整理されていないことにある。彼女の考えだと、自分のやることはすべて失敗することになる。この考え方が間違っていることを認めないかぎり、彼女が不安のハードルを飛び越えられる日は決してこない。すでにそれを実践している人にとっては明らかなことが、ジャネットには「見えていない」わけだ。

そういう私だって、以前は人頼みの人生だった。結婚しても、まるで子どものようにすべて夫に頼りきっていた。だが離婚によって、何もかも自分でやらざるをえなくなった。やりはじめてみると、掃除機の修理のようなほんの小さなことをやり遂げただけで、とても満足な気分になった。ひとり身になって、初めて家でパーティを開いてみんなをもてなしたときは、天にも昇る気分だった。初めてひとり旅をするためにチケットを予約した日は記念日になった。

そうこうしているうちに、だんだん自信がつき、気分もよくなってきた。何もかもがうまくいったわけではない。本当を言えばおっくうなことも多かった。それでも、一歩踏み出すたびに、少しずつではあるが着実に、「私は自分の手で人生をコントロールできる」という自信が持てるようになった。

その後も、思いきって新しいことを始めるたびに不安になり、自信がゆらいだが、そのたびに自分にいい聞かせた。「まあいいや、とにかく進んでみよう。きっといつかは不安が消える日がくるから」

ところが、そんな日は決して来なかった！　そしてある日、頭の中で何かがひらめいた。次の真理に目覚めたのだ。

真理①　自分が成長しつづけるかぎり、不安はなくならない。

世界へと乗り出そうとするかぎり、自分の能力を伸ばそうとするかぎり、夢をかなえようとリスクを冒すかぎり、不安は必ずつきまとう。これはすごい発見だった。ジャネットと同じように、私も不安がなくなるのを待って、それからチャンスをつかまえようと思っていた。「いつか不安が消えたらやろう！」と。こうして人生のほとんどを、「いつかそのときがきたら」というあとまわしのゲームに費やしていたのだ。こんな作戦がうまくいったためしは一度もなかったのに。

不安が消えるカラクリ

こう聞いても、あなたは飛び上がって喜びはしないだろう。期待していた答えでないことはわかっている。私の生徒と同じように、あなたも奇跡のように不安が消えてなくなる方法を知りたかったはず。残念ながらそうはいかない。でも、もうやっきになって不安を追い払わなくてもいいんだとわかったら、ほっとしないだろうか。

不安はなくならないけれど、だいじょうぶ、それでいいのだ。本書で紹介していくエクササイズで自信を育てれば、あなたと不安との関係は劇的によくなるはずだから。

ところで私は、「真理①」を発見してからまもなく、もうひとつ重大な発見をした。そしてそのおかげで大きく成長することができた。その真理とは、

真理② 何かをやろうとするとき、不安を追い払う唯一の方法は、とにかくそれをやってしまうこと。

これは「真理①」と矛盾しているように聞こえるかもしれないが、そうではない。何かしら「特定の」状況で感じる不安は、思いきってそれに立ち向かってみると消えてしまう。まずやってしまう、するとそのあとで不安が消えるのだ。

私の例でいえば博士課程の時代に初めて教壇に立ったときだ。当時の私は学生たちとさして年も変わらず、「老化の心理学」という講義テーマについても、たいした知識はなかった。

授業が始まるまで、私は怖くて怖くてたまらなかった。授業直前の3日間は胃がきりきり痛んだ。たった1時間の授業のために、8時間もかけて原稿を書き上げたが、それでも不安は消えなかった。授業の日がくると、ギロチン台に連行されるような気分になった。学生たちの前に立つと、心臓は飛び出しそうなほどバクバクし、膝がガクガク震えた。授業はなんとかやりおおせたものの、次の授業のことを考えるとお先まっ暗になった。

だがありがたいことに、次は1回目より楽だった。学生たちの何人かは顔と名前が一致するようになった。3回目は2回目よりさらに楽になり、リラックスして学生とも調子を合わせられるようになった。6回目になると、教壇に立つのが楽しみになっていた。教室でのやりとりは刺激的でやりがいも感じた。

そしてある日、あれほど怖れおののいていた授業に向かいながら、ふと自分がもう不安を感じていないのに気がついた。不安は、いつのまにか楽しい期待に変わっていたのだ。

両手でかかえるほどの原稿を用意しなくても教室に行けるようになったのは、いくつもの講座で教えてからのことだ。ついに1枚のメモだけで1時間の授業ができるようになるまでは、長い道のりだった。

それでも、不安でいっぱいながらとにかくやってみた結果、私は教えることに対する不安を乗り越えたのだ！

その後、テレビで講座を持つことになると、またしても不安が襲ってきたが、その不安も、何度もテレビに「出てみる」ことで消えていった。すべからくそういうことになっているのだ。

市長だってホントは……

昔、私がやっていた「いつかそのときがきたら」というあとまわしゲームは、現実と順番が逆だった。

自分に対してよいセルフイメージが持てるようになったら、不安もなくなるはず、そうしたらいろんなことを実現しよう――、私はずっとそう思っていた。でも、どうすればセルフイメージがよくなるかはよくわかっていなかった。なんとなく「もっと年をとって賢くなったら」とか「ほかの人の反応を見てから」とあとまわしにしつつ、いつかはすばらしい日がくることを期待していただけだったのだ。ときにはバックルに「私はすばらしい」と書いてあるベルトを買って、そのメッセージが体にしみこんだらいいな、などと思いながら――。

だが実際に不安克服に効果があったのは、バックルではなく、不安を感じながらもとにかく自分の力でやってみることであり、やり遂げたときに得られる達成感だった。それに気づいた私は、第3の真理に到達した。

真理③ 自信が持てるようになる唯一の方法も、とにかくやってみること。

自分に自信が持てるようになる前に、とにかくやってみる。ここがポイントだ。自分から行動を起こすと、不安がなくなるだけでなく、自信を持つための大きな一歩を踏み出せるという大きなオマケがついてくるのだ。

こうして、とうとう何かをマスターし、不安を克服したことでウキウキし、ほかのこともやってみようという気になる。新たな挑戦をしようとすると、またしても不安が頭をもたげるが、やってみると消えていく。人生はそのくりかえしだ。

そこで真理をもうひとつ。

真理④ 誰でも必ず、新しいことに挑戦するたびに不安になる。

「えっ？　ってことは私がずっとうらやましいと思ってたあの人たち、怖いものなんかひとつもないみたいにたくましく人生を切り拓いてるあの人たちも、不安になるってこと？　どうしてもっと早くそれを教えてくれなかったの！」。ほかの人もそうだと知ったとき、私は心の底から安心した。仲間は世界中にいたのだ。

何年も前のある日、新聞にエド・コッチ氏に関する記事が載っていた。それは彼があるイベントでブロードウェイ・ミュージカルのキャストたちとタップダンスを踊ることになり、そのけいこをしているという内容だった。コッチ氏は当時ニューヨーク市長、この世に怖いものなど何もないように見えたが、記事の中でダンスのコーチは、市長が死ぬほどおびえていると語っていた。信じられない！　怒り狂う市民たちにしょっちゅう突き上げられ、何百万という人の生活を左右する決断をくだし、市長選で常に公の場に立ちつづけたあのコッチ市長が、タップダンスにおびえてるなんて！

でも、真理④からすれば、市長の不安も当然だとわかる。タップダンスは市長にとって初めての試練、不安を感じてあたりまえなのだ。いったんふりつけをマスターしてしまえば、不安は消え、自信がつく。そして自慢の種がひとつ増える。単純にそういうこと、誰だって同じなのだ。

コッチ市長のような話は、新聞、雑誌、本やテレビでいくらでもみつかるが、不安の真理に気づかないうちは、そういう話を見聞きしても、他人の経験、ましてや著名人の経験なんて、自分の人生とは関係ないと思いこんでしまう。あの人たちはラッキーで、なんの苦もなく世に出ていけるのだろうと。でも、そうではない！　今いるところにたどり着くまで、彼らはたくさんの怖れや不安を克服してきた。今だって毎日不安と戦いつづけている。

行動パターンを逆転させる

では、彼らと自分たちとはどこが違うのか？

不安と上手につきあってきた人たちは、意識しているかどうかはともかく、「不安であたりまえ、とにかくやってみよう」という本書のメッセージを身につけている。

私の友人に、誰がなんと言おうが断固としてわが道を突き進み、まさしく独立独歩でたいへんな成功をおさめた人がいる。その彼が私の講座のタイトルを聞いたとき、しばらく考えこんでからうなずいた。「なるほどね。ぼくはずっとそうしてきた気がする。自分ではとくに意識してなかったけど。そりゃいつでも不安だよ。でも、だからといって自分の望むものを勝ちとるためにリスクをおかすのをためらったことはないね。ともかく前進して、自分のアイデアを活かすために必要なことをやった。不安だったけどね」

もしあなたが不安とうまくつきあえていないとすれば、不安を、「前進しろ」というゴーサインではなく、「撤退しろ」というサインだと思っているからではないだろうか。そして「いつかそのときがきたら」というあとまわしゲームをしているからではないだろうか。自分でつくりだした牢獄から出るためには、自分の考え方を訓練しなおせばいいだけの話だ。

考え方を再訓練する第一歩として、ためしにこれから1ヶ月間、ここにあげた真理①～④を、少なくとも1日に10回以上くりかえし唱えてみよう。あなたもすぐ気づくと思うが、間違った考え方を改めるには、ひっきりなしにくりかえすことが必要だ。ただ知っているというだけではダメ。それが自分の一部になるまで、くりかえし、絶えず自分に言い聞かせつづけること。

退却するのではなく、目指すゴールに向かって前進する。これまでの行動様式を逆転させよう。

だがその前に、不安に関する真理をもうひとつ加えておこう。もしかしたらあなたは、こんな疑問をいだいたかもしれない。「どうしていやな思いをしてまでリスクをおかさなければならないんだ？　今までどおり自分らしく生きていけばいいじゃないか」。最後の真理はその答えだ。

真理⑤　不安を乗り越えてやり抜くほうが、自分にはどうすることもできないという怖れをかかえて生きるより、はるかにこわくない。

もう一度、この一文を読んでほしい。自覚しているかどうかはともかく、私たちは自分でつくった居心地のいい小さな繭《まゆ》が、この安穏な世界が、いつかは消えてなくなるという不安をかかえて生きている。

そして、人生には自分ではどうしようもない事態が必ず起きるという無力さを感じれば感じるほど、漠然とした恐怖が大きくなる。たとえば配偶者を亡くすとか、失業するというような、これから自分の身に起きるかもしれない不幸のことが、頭から離れない。「もしそうなったらどうしよう」という不安がじわじわと人生全般に広がっていく。つまり、リスクを怖れてばかりいると、もっと大きな恐怖をかかえることになってしまうのだ。本当は人間はそんなに無力ではない。思いきってリスクを引き受け、行動を起こせば、恐怖はずっと小さくなるのに、そのことに気づいていないだけなのだ。

ジャニスの変身

ジャニスは中年の主婦で、これまでできるだけリスクを避けるように生きてきた。成功した実業家と結婚し、夫婦の暮らしの舵とりはすべて夫。ジャニスはただ彼に従うだけだった。そのほうが、自分が矢面に立たずにすんで楽だったからだ。

しかし、ことわざにもあるように「人生は起きてみなければわからない」。53歳のとき、夫が脳梗塞になり、体に障害が残ってしまった。

さて、大変化に直面したジャニスはどうなったか？　はじめは「どうして私がこんな目に」という怒りと戦った。だがその時期が過ぎると、ふたりの生活が今や自分ひとりの肩にかかっているという事実を受け入れるようになった。

ジャニスは呆然としつつも夫の仕事を覚え、彼の看病の方針を次々にくだしはじめた。すると、だんだん心の霧が晴れ、それまで一度も味わったことのないような深く満ちたりた気持ちに包まれるようになった。そして、これまで面倒をみてもらうことで自分がどれだけ大きな代償を払っていたかに気づきはじめた。

夫が倒れるまで、ジャニスの頭は「もし○○○が起きたらどうしよう」という不安でいっぱいだった。常に将来を思い悩み、今、この瞬間を楽しんだことなどなかった。心の底にいつも「夫に何かあったらどうしよう」という恐怖をかかえて生きていたのだ。かつての彼女は、友だちにもしょっちゅう「夫より先に死にたいわ。彼がいなくちゃ生きていけないもの」と言っていた。

だが夫の病気を機に、自分の中に思ってもみなかった強さを発見して、すべては変わった。今や彼女は「夫に何かあったらどうしよう」という不安への答えを知っている。それは「自分でなんとかする！」だ。

この境地にいたるまで、ジャニスは自分が恐怖をかかえて生きていることにすら気づいていなかった。

今や夫も、彼女と一緒に日常生活を送れるまでに回復した。彼は彼で、このまま体が不自由になるかもしれないという人生最大の恐怖に立ち向かってきたのだ。「もしも回復しなかったら？」という不安に対して彼がみつけた答えも「なんとかする！」だった。この経験のおかげで、ふたりは愛しあうことの本当の意味を学んだ。

不安に「例外」はない

もうおわかりだろう。何人《なんぴと》たりとも不安からは逃げられない。私たちにできるのは、ただ不安を友だちに、素敵な冒険についてくる友だちに変えることだけだ。

不安だからといって、ひとつのところに立ちすくむことはない。たまに「不安なんかこれっぽっちも感じたことがない」という人もいる。そういう人によくよく話を聞いてみると、それは単に言葉の定義が違うだけだとわかる。しかし、そういう人だって、ときには緊張したり気をもんだりする。ただ、それを不安とは呼ばないだけなのだ。

私の知るかぎり、何かしら行動を起こして前進しようとするとき、人は必ず不安を感じる。ただ、そのとき怖がって手も足も出さない代わりに、「不安だっていい、とにかく前に進んでみよう」と一歩を踏みだせば、「私の人生は大丈夫」と思えるようになるのだ。

3

苦痛をパワーに変える法

人生でまったく初めてのことをやってみようとするときには、誰もが不安になる。それでも少なからぬ人がそれを「やってしまう」ということは、つまり「不安など問題じゃない」ということだ。

本当に問題なのは不安そのものではなく、自分の中で不安をどう「位置づけるか」だ。

パワーをこの手に

世の中には不安などまったく気にしない人もいる。一方、不安のおかげでまるっきり身動きがとれなくなってしまう人もいる。前者は不安を「パワー」（選択、エネルギー、行動）に位置づけ、後者は「苦痛」（無力感、憂うつ、金しばり）に位置づけている。

次ページの図でわかるとおり、不安に対処するには、苦痛の場からパワーの場へと移動することだ。これさえできれば、不安などどうでもよくなる。

まず、「パワー」という言葉について考えてみよう。パワーという考え方自体がきらい、そんなものは持ちたくないという人もいるだろう。たしかにこの言葉は、今の社会では悪い意味に使われることもある。人を支配するという意味を持つことも多い。また残念なことにしょっちゅう間違った使われ方をしている。

だがここで私が言うパワーは、それとは全然違う。むしろ、これがあるからこそ人を操ろ

怖れや不安をどこに位置づけるか

うなどとはしなくなり、愛にあふれた気持ちになる。いわば「あなたの心の内なるパワー」であり、世界を認識するパワー、状況に応じた行動をとるパワー、自分の成長に必要なことをするパワー、喜びと満足をつくりだすパワー、主体的に行動し、愛するパワーだ。

　このパワーは他人とは関係ない。といっても自己中心主義ではなく、健全な自己愛だ。じつは自己中心的な人は、自分にパワーがあるとはまったく感じていない。だから常に周りの人をコントロールしようとやっきになってしまう。自分にパワーがないので、常に不安にとりつかれている。彼らの人生のすべては、自分以外の何かに左右されている。

「内なるパワー」を持てない人は、人を愛することができない。だからいつも他人のパワーを抜きとろうとする。自分に欠けているものを補おうとするあまり、人を操るような行動もとってしまう。

「内なるパワー」は、自分以外の何かに満たしてもらうものではない。だからあなたを自由にする。これは、あなたがこうしてもらいたいということを他の人にさせる力ではなく、自分がやりたいと思うことを自分でできるようにする力だ。この力がなければ、おだやかな気分ではいられない。常に不安にさいなまれつづけることになってしまう。

一般的に、女性は男性に比べてパワーという考え方に消極的だ。男性はパワフルであることがよいことだと教えられて育つが、女性はパワフルであることは女らしくないこと、魅力がないこと、と思いこまされてしまうからだ。しかしこれは大間違いだ。自信に満ち、自分の人生をしっかりとコントロールしている女性は、磁石のように人を引きつける。前向きなエネルギーにあふれている彼女の周りには、たくさん人が集まる。

飾らない自分のままで人々に愛情を注ぐためには、自分の中にパワーを感じていなければならない。つまり、パワーがあって初めて、人を愛することができるのだ。自分の中にパワーがあるとき、人は初めて本当に心を開くことができる。反対にパワーがなければ、愛はゆがんだものになってしまう。

もしあなたが女性で、パワフルであることと女らしくあることとの間に葛藤を感じているなら、次の言葉を朝昼晩、少なくとも日に25回は自分に向かって言ってほしい。

私はパワフルで、愛されている。

私はパワフルで、愛にあふれている。

あるいはもっと積極的に、

私はパワフル。そんな自分が好きだ！

でもいい。この3つの言葉を、今すぐ声に出して唱えてみよう。そして言葉のエネルギーを感じてほしい。くりかえし声にすることで、パワーと愛が相反しないことが腑《ふ》に落ち、快感に変わるはずだ。

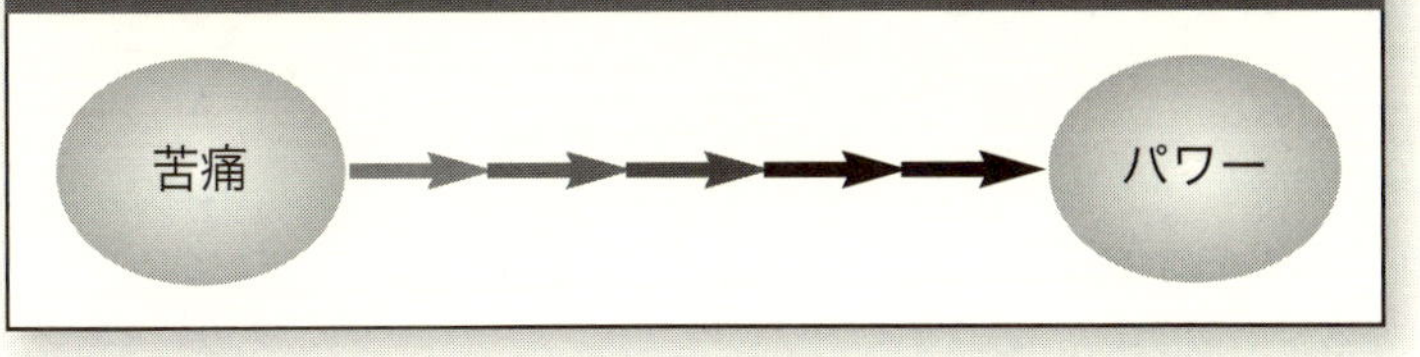

苦痛からパワーへ

パワーに近づく方法

では次に、毎日の生活の中で、苦痛をパワーに変える方法をお話ししよう。

まず最初のステップとして、上のような「苦痛からパワーへ」の図を描いてほしい。

私たちの大半は、この左から右に走る線の間のどこかに位置している。不安のせいでまったく身動きできないという人もいないし、いつどんなときもパワフルでワクワクしっぱなしという人もいない。また、一瞬のうちに苦痛からパワーというゴールに飛びこむ人もいない。

私たちは鷲の翼に乗ってらくらくと山を越えるのではなく、スーツケースふたつにスイカまでかかえて山越えをしているようなものだ。古《いにしえ》の賢人いわく「せっかく平らな道なのに、なぜわざわざ行く手に岩を投げ落とすのか?」

あなたにはこの「苦痛からパワーへ」の図を目安に、行く手に転がっている岩を押しのけてほしい。次のステップに従えば、ひとつずつ取り除ける。

①図をうんと拡大して描いて、壁に貼りつける。拡大するだけで、ちょっとパワフルになった気がするはず。この時点であなたはもう行動しはじめている! 苦痛からパワーへ移動する秘訣は、「アクションを起こす」である。これはぜひ覚えておいてほしい。行動を起こすということはとてもパワフルなこと。ひとたびこの図を壁に貼れば、これからどこに向かって進めばいいのかが常に目に見えてわかるようになる。そう、あなたは苦痛からパワーへと向かうのだ。このことに気づいてしまえば、戦いは半分終わったも同然だ。また、図が現実に目の前にあれば、正しい方向に向かって進みつづけようという意欲も湧いてくるはずだ。

②あれこれ思い悩まず肩の力を抜くためには、図の余白のどこかに「天使はお気楽だから飛べる」と書いておくのもいい。これは昔、イギリスの作家ギルバート・K・チェスタ

トンが言った言葉だが、私は思い出すたびに顔がゆるむ。この言葉は、人生に抗《あらが》わず、逆に楽しむコツを身につければ、驚くほどたくさんの荷物を捨てられることを思い出させてくれる。

③壁に貼った図の中で、今あなたがいると思う場所にピンを刺す。たとえば、落ちこんだり身動きができないときもあるが、思うように行動できるときもあるという具合なら、左右のまんなかあたりに。決まりきった日常から抜け出すすべがみつからないと感じているなら、もっとずっと左よりに。たいていのことでは前進できているが、いくつかの点で少しだけ調整が必要だと感じているなら、すでにかなり右側だ。本書を手にしているあなたはおそらく、まだ完璧なパワーを身につけているといいきれないと思うが、気にすることはない。お釈迦さまにだって悩みはあるのだ。

④壁の図を毎日見て、自分にこう問いかける。「私は昨日と同じ場所にいる？　それともどちらかに移動した？」。その答えに従ってピンの位置を移動させよう。

⑤どちらに向かって進みたいかを常に意識しておけば、いかに行動するかを決めるときに役に立つ。何かアクションを起こす前に、こう自問しよう。「これをすることで私はパワフルな方向に移動できるだろうか？」。もし答えがノーなら、考え直したほうがいい。ただし、ここでひとつ注意。その行動をすれば苦痛の場にとどまることがわかっていて

もやってしまった場合、けっして自分に腹を立ててはいけない。代わりに、どこが問題点なのかをきちんと自覚すること。そうすれば、次回はきっと違った決断をくだせる。間違いは、ためになる経験として活かそう。自分のしたことに怒りを覚えるたびに、痛みの場にとどまることになるということを思い出してほしい。

⑥ゲーム感覚で楽しむ。そうすれば今の状況も軽く感じられる。子どもがいるなら、その子たちにもそれぞれ別の図を描いて、成長を家族みんなのゲームにしてしまえばいい。

⑦人生のエリア別に図を描く手もある。本当にパワフルになるつもりなら、仕事、人間関係、環境、健康など、人生のさまざまな面に気を配らなければならない。ある面ではすごくパワフルなのに、ほかの面では目もあてられないという人はめずらしくない。たとえば私も、仕事ではとてもパワフルだが、体を動かすという点ではまだ努力が必要だ。

どれくらいパワーが身についたか判断し、どこまでピンを動かすかは、あなたの直感がすべてだ。ほかの人が判断しようとするかもしれないが、決められるのは自分だけ。はた目には何も変わらないように見えても、心がおだやかになったり何か内面での成長を感じれば、それに応じてピンの位置は変化する。すべては、あなた自身がどう感じるかだ。

もしかしたら、先へ進むためにはこんなことまでしなきゃならないのか、といぶかっておいでかもしれない。そう、しなければならない！　最初のうちは、どこを目指して進むのかを忘れないために、ありとあらゆる工夫が必要だ。集中して取り組まなければ、けっしてパワフルにはなれない。何をすべきかわかることと、実行することとは別なのだ。

ふだんの言葉づかいをチェックする

「苦痛からパワーへ」向かう道をよりラクにするためには、ふだんの言葉づかいも大切だ。どんな言葉を使うかによって、人生の質は大きく違ってくる。言葉には希望を打ち砕くものもあれば、力を与えてくれるものもある。次ページの表を参考にして、言葉も「苦痛からパワーへ」と変えていこう。

「私にはできない」という言葉には、自分ではどうすることもできないというニュアンスがあるが、「私はやらない」と言えば、主導権は自分にあることになる。

さあ、今この瞬間から「私にはできない」という言葉を、あなたの辞書から消し去ってしまおう。「私にはできない」という声をあなたの潜在意識に聞かせてしまうと、潜在意識はそれを信じこんで、潜在意識のコンピュータに「弱い、弱い、弱い」と書きこんでしまう。あなたの潜在意識は、真実ではなく聞いたことをそのまま信じてしまうのだ。

たとえば、あなたがディナーの誘いに「行けない」と言う。「今夜はディナーに行けない

「苦痛からパワーへ」の言葉づかい

苦痛 → パワー

苦痛	パワー
私にはできない	私はやらない
しなければならない	できる
私のせいじゃない	すべて私の責任だ
これは問題だ	これはチャンスだ
満足できたためしがない	学び、成長したい
人生は苦労の連続だ	人生は冒険だ
そうなるといいな	そうなるとわかっている
もしこうでさえあれば	この次は
どうしよう？	必ず自分でどうにかする
ひどいことになった	貴重な経験だ

んだ。明日の会議の準備があってね」と。するとあなたの潜在意識は「こいつは弱い！」と記録してしまう。実際のところ、ディナーに行けないわけではない。正確に言えば、「ディナーには行けるけど、今はそれより優先順位の高いことをしたい」となる。しかし潜在意識にはその違いがわからないから、「弱い」と記録されてしまうのだ。

この場合、「行けない」と言わずに、たとえば「ディナーには行きたいんだけど、明日大事な会議があってね。前もってできるかぎり準備しておきたいんだ。だから今夜は行かないことにするよ。また今度誘ってくれるとうれしいな」と答えてはどうか。これなら、本当でもあり、誠実でもあり、パワフルでもある。そして潜在意識にも、あなたがはっきりと優先順位をつけたうえで、自分の成長のために結論を選んでいることが伝わる。こんなふうに自分で行動を選びとったもの言いをすれば、会議のために犠牲を払ったと思わずにすむ。

「しなければならない」もまた弱い言い方だ。これも、自分で行動を選びとることができないと言っていることになるからだ。この言葉の代わりに「できる」と言うほうがパワフルだ。「母のところに行くこともできるけど、今日は映画に行くよ」。こう言えば、何かをすることは義務ではなく選択の問題になる。「母のところに行かなければならないけど、映画に行く」と言ってしまうと、やましさやイライラを招き、気持ちが萎《な》えてしまう。「しなければならない」と言うたびに、あなたからパワーが失われてしまうことを覚えておこう。

「私のせいじゃない」にも要注意だ。これも自分ではどうすることもできないというメッセージになってしまう。いつも被害者ぶるより、「人生に何が起きたとしても自分はその責任をとる」というほうが、ずっといい。「病気になったのは私のせいじゃない」と言う代わりに、「病気になったのは自分のせいだ。またこうならないように、食べるものを変えることもできるし、ストレスを減らすこともできる。タバコもやめられる。睡眠時間を十分とることもできる」と言えば、これから自分に何が変えられるかが見えてくるはずだ。

失業についても同じだ。「失業したのは自分のせいじゃない」と言うのをやめ、自分の力でなんとかしようとするなら、次はもっと準備を整えておくことができるだろう。何が原因でこうなったのかも見えてくる。気分も落ち着くはずだ。自分で自分の人生をコントロールできていると感じるたびに、あなたはパワーの場へと進んでいく。それによって、結局は不安が減っていくのだ。

「これは問題だ」もやる気をそぐ言葉だ。重苦しく、否定的に響く。代わりに「これはチャンスだ」と言えば、成長への扉が開く。人生で障害に出会うたびに、これは天からの贈りものだと思うことができれば、困難に正面から立ち向かえるし、それだけの報いも得られる。世界に立ち向かう力を伸ばすチャンスに出会うたびに、あなたはさらにパワフルになっていく。

「そうなるといいな」も被害者の使う言葉。「そうなるとわかっている」のほうがはるかにパワフルだ。

「仕事がみつかるといいな」と「仕事がみつかるのはわかっている」

すごい差ではないか。前者の言い方には不安で眠れない夜が待っているが、後者の言い方をすれば心静かに落ち着いていられる。

「もしこうでさえあれば」もうんざりさせられる言葉だ。ここから聞こえるのは泣きごとだ。そうではなく、「この次は」と言えば、あなたが何かを学び、次回はそれを必ず活かすという意味になる。「トムにあんなことを言わなきゃよかった」と言うより、「トムがぼくの言ったことを気にしているのがわかった。次はもっと気をつけて言葉を選ぼう」と言ったほうがいい。

「どうしよう?」もまた、泣きごとと不安が聞こえてくる言葉だ。誰もがそうであるように、あなたの中にも、とてつもなく強力なパワーが潜んでいる。この力を使って、「私の手で必ずどうにかしてみせる。何も心配することはない」と言おう。「失業してしまった! どうすればいいんだ」と言わずに、「失業した。でも私の手で必ずどうにかしてみせる」と言ってみよう。

「ひどすぎる」という言葉は、不用意に使われすぎている。たとえば「財布なくしちゃった。ひどすぎない?」。財布をなくしたくらいで「ひどすぎる」ということはない。「1キロ太った。ひどすぎでしょ?」。1キロくらい太ってもどうということはない。こんなふうに、人生にとってはどうでもいいような瑣末《さまつ》なことにまで、私たちは「ひどすぎる」と言ってしまうのだ。そうすると、潜在意識はこう記録する。「大惨事だ、大惨事だ、大惨事だ!」。今日からは「ひどすぎる」と言うのをやめて、代わりに「貴重な経験だ」と言うようにしよう。

もし愛する誰かがガンになったというようなときは、「ひどすぎる」と言いたくなっても無理はない。だがそういう態度は、状況に対処する力を弱めてしまうことを覚えておいてほしい。同じような経験から大事なことを学んだ人はたくさんいる。私もそのひとりだ。自分がガンになってみて、私は自分や周りの人々についてたくさんのことを学んだ。何よりも、自分がどんなに愛されているかがわかった。

当時のフィアンセで、今では夫になった人の、それまで見たこともなかった思いやりにあふれた一面を知り、そのおかげで私たちの愛は言葉にできないほど深まったと思う。同時にふたりとも、お互いがそばにいてくれるのがあたりまえとは思わなくなった。

日々の生活も前向きに変えた。たとえば以前よりずっと食事に気をつけるようになったし、病気になる前は日常茶飯事だった怒りや敵意、ストレスといった感情をなくす方法も学んだ。

私がガンになったことで、夫と私は世の中に貢献するチャンスも得た。乳腺切除について暗くならないですむ記事を書いたときは、多くの人が役に立ったと言ってくれた。夫とともにテレビ出演して私たちの体験を話し、大丈夫なんだと視聴者を元気づけたりもした。ガンでさえも貴重な人生経験であり、人に何かを与えるチャンスになり得るのだ。

快適ゾーンから一歩出てみる

「ひどすぎる」「できない」「問題だ」「苦戦している」といった言葉をあなたのボキャブラリーから閉め出し、パワフルな言葉づかいをすると、あなた自身の気持ちが変わるだけでなく、みんながあなたを見る目も変わってくる。内なる強さを示す人は、弱い印象を与える人とは違った扱いを受ける。パワフルな言葉づかいをすることによって、あなたは周りの人々の中で影響力を発揮するようになるのだ。

つまり、言葉づかいに気をつけるようになると、あなたの「快適ゾーン」が広がるということだ。「快適ゾーン」とは何か?

ふだん私たちのほとんどは、自分にふさわしいと思えるゾーンにいて、そこを一歩出ると場違いに感じる。たとえば、靴1足に8000円出すのはかまわなくても1万円以上となると勇気がいるとか、会社の同僚とは喜んでつきあうが、お偉方とつきあうのは窮屈とか。近所の定食屋でひとりで食事するのはなんともなくても、ひとりで三ツ星レストランに入るのは冷や汗が出るかもしれない。年間50万円の昇給は交渉できても、100万円上げろと言うのには怖気づくかもしれない。

このように人によって快適ゾーンは異なるが、意識的かどうかにかかわらず、誰もがその範囲内で決断をくだしている。金持ちだろうが貧乏だろうが、地位が高かろうが低かろうが、男性だろうが女性だろうが同じだ。

私の提案は、自分にとって快適に感じられるゾーンを広げるために、毎日何かをやってみようというものだ。

たとえばなんとなく電話しにくい相手に電話をする。今まで買ったことがないほど値の張る靴を買う。怖くてとても頼めなかった頼みごとをしてみる……。

毎日ひとつでいい、思いきって何か試してみよう。小さなことでも大きなことでもかまわない。ひとたびやり遂げると、とても気分がよくなるはずだ。たとえ結果が思ったようにいかなくても、ともかくあなたはやってみたのだ。無力なまま手をこまねいていたのとはわけが違う。

次ページの図でわかるとおり、思いきって何かをやって、快適と感じる範囲から一歩踏み出すたびに、あなたはよりパワフルになる。人生が大きく広がり、もっとたくさんのことを経験できるようになる。

パワーがつくにつれて自信も生まれる。たとえ不安でも、快適ゾーンを広げるのはどんどんたやすくなっていく。もちろんリスクもどんどん大きくなっていくが、あなたの人生は確実に広がり、花開き、大きく成長していくのだ。

常にマイペースでいい。たとえどんなに小さくても、思いきって何かを試していくかぎり、「苦痛からパワーへ」の図を右側へと進みつづけることができる。

ためしに、毎晩寝る前に、明日どんなことを試すか計画してみよう。そして目を閉じ、心

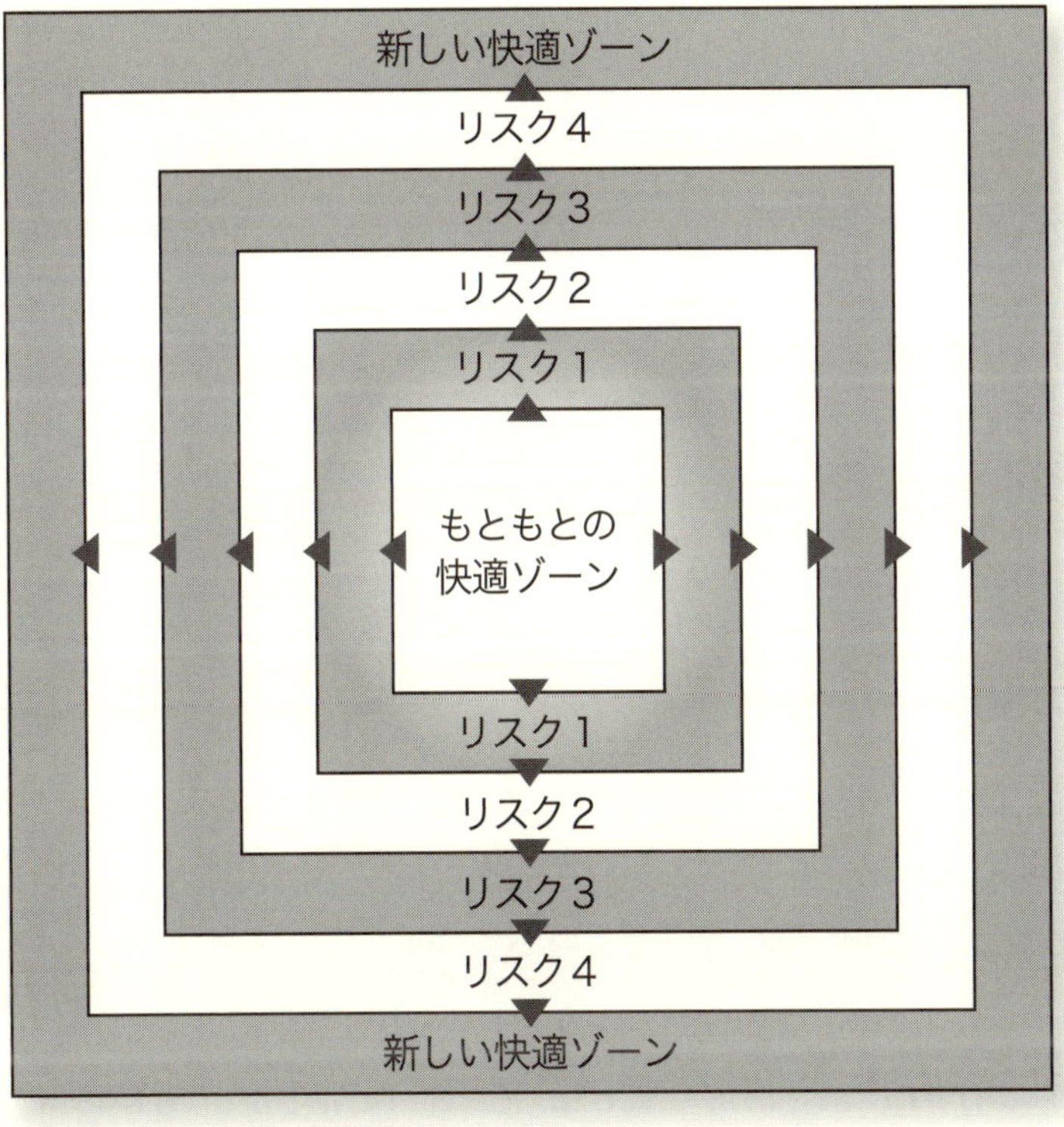
新しい快適ゾーン
リスク４
リスク３
リスク２
リスク１
もともとの
快適ゾーン
リスク１
リスク２
リスク３
リスク４
新しい快適ゾーン

の中でそれをしている自分をイメージするのだ。できるかぎり鮮明な映像を描くのがポイントだ。

翌日は、実際に試しながら、自分がどこでためらいを感じているかを意識しよう。その結果をもとに次の行動のプランを立てるのだ。

ためらいを感じながらもやり遂げられたらすばらしい。

ただし、ここで述べている「リスク」や「試すこと」には、車でスピードを出すとか麻薬に手を出すといった肉体的危険行為は含まれない。また、誰かのパートナーにちょっかいを出すとか、ついでに言えば銀行強盗をするというような、他人の権利を侵害するようなリスクも含まれない。

こんなことをすれば、自分自身の評判を落としたり、命を落としたり、刑務所に入れられたりするだけでなく、「苦痛からパワーへ」の図上でもずっと左側へ動いてしまうことを忘れないでほしい。

こういう行為はパワーを引き出してはくれない。自分自身に対しても他人に対しても、誠実さや愛がないからだ。誠実さや愛がなければ、自分に自信を持つことはできない。自信がなければ、怖れや不安に対処する力もすっかり弱まってしまう。

〝すでに持っているもの〟に気づく

気づいていないかもしれないが、あなたはすでに思いもよらないほどのパワーを持っている。みんなそうだ。苦痛からパワーへと向かうというのは、どこかからパワーを引っぱりだしてくるということではない。あなたの内には信じられないほどのエネルギーが眠っていて、引き出してもらうのを待っている。それを使えば、楽しく満足できる人生を築けるのだ。

これは魔法でもなんでもない。あなたがすでに持っている、莫大なエネルギーを使うプロセスだ。

本書のエクササイズは、この内なるパワーの源へとあなたを導くためにある。これを実際にやるかどうかで、今あなたが自分の中にあるすべてを受け入れる準備ができているかどうかがわかる。とはいえ、もしまだそういう気になれなくても、自分を責めてはいけない。いつかはきっとやると自分に約束するだけでいい。

あなたを無力感にしばりつけているネガティブな考え方を一掃できるまで、本書や人間としての成長を促す本を何度も読み返すのもいいだろう。私たちのほとんどは、ずっと以前からの思いこみに取りつかれて、なかなか弱さから脱却できない。新たな思考パターンを定着させるには、何度もくりかえし自分に叩きこむしかない。

あなたは、生まれながらに自分の内なるパワーを使うようにできている。それが正しく使えていないときに、無力感におそわれたり、無気力になったり、絶望的になったりする。それは、本来の機能がうまくはたらいていない証拠だ。

あなたも、ほかの人々と同じように、エキサイティングですばらしい人生のすべてを味わうのにふさわしい人間だ。自分の中の〝パワフルな自分〟にふれたとき、あなたもきっとそうだと思えるだろう。

4

あなたに潜む〝見返り〟とは？

あなたは自分の人生にきちんと責任を持って生きているだろうか？　それとも「被害者」だろうか？

私たちの多くが、自分は責任を持って生きていると思っているが、じつはそうでないことが多い。被害者意識はとても微妙なもので、その現れ方もさまざまだ。この章でそれがわかれば、不安に立ち向かうエネルギーについても、もっと理解できるようになるはずだ。

自分の人生に責任を持つという考え方は、目新しいことではない。きっとあなたも「自分の人生にちゃんと責任を持て」と言われてきたに違いない。

私たちのような「自立した」人間にとって、自分の人生に責任を持つというと、仕事に就くとか、生活していけるだけのお金を稼ぐとか、他人に頼ってはいけないといったことを意味する。たしかにそれも人生に責任を持つことかもしれないが、ときにはそうでない場合もある。そういう「自立」はしていないが、生きていくうえで責任をとる秘訣をちゃんと知っている人も大勢いる。だが、それもここで言う意味の核心ではない。

自分をみじめにしている真犯人は？

いくつか例をあげてみよう。

エドワードはとても裕福で、ある会社の重役だが、心はいつも不安に満ちている。さりとて専門家のアドバイスを受けてみたらどうかと私が提案しても、そんな必要はない、周りさえ変われればすべてはうまくいくはずだと言うばかり。もし妻がもっと優しければ、社長がいつも自分をあてにしなければ、息子がドラッグをやめてくれれば……万事うまくいくはずだというのだ。自分は助けを求める必要などまったくない。悪いのはほかのみんなだ。さて、エドワードは人生に責任を持っているか？　とんでもない！

マーラは、はたから見ればありとあらゆる幸せを手にしている。人もうらやむ仕事をし、スタイリッシュなマンションに住み、友だちも多いし恋人だって何人もいる。それでも本人は別れた元夫のことをぼやきつづけている。いわく、あの人のせいで自分の人生はみじめになった、いつも不当な扱いをされてきた、養育費もロクに払ってくれない、息子も逆らって私のことを自分勝手な母親だと言って責める……。ぐちは延々と続く。マーラは人生に責任を持っているだろうか？　とんでもない！

離婚経験者やシングルの人の多くが、元夫、元妻、上司、孤独、独身生活ならではのいやな経験などについて常に不満を口にする。かと思えば結婚している人の多くが、子どものこと、お金がないこと、夫婦のコミュニケーションがないことなどを嘆いている。彼らは自分の人生に責任を持っているか？　とんでもない！

こういう人たちはみな、なんらかの意味で被害者を演じている。自分のパワーを放棄して、ほかの誰かや何かに明け渡してしまっている。何かにパワーを譲ってしまったとき、あなたは「苦痛からパワーへ」の図のずっと左まで行ってしまい、その結果、怖れや不安に対する力が弱まってしまう。

目に見える例もある。たとえば今あなたが好きでもない仕事に就いているなら、結婚したいのにシングルなら、別れたいと思いつつうんざりする恋愛を続けているなら、娘のせいでそんな年でもないのに白髪が増えたと思っているなら、人生の何もかもが思いどおりにいかないと感じているなら、あなたはやっぱり被害者を演じているのだ。不安なのもあたりまえ、被害者にはパワーがないのだから！

本当は、あなたの人生をコントロールしているのはあなた自身。あなた自身が完璧に意のままにしているのだ。どういうわけかはわからないが、あなたは意に染まない仕事を選び、きらいな独身生活を選び、絶望的な恋愛を続けることを選び、娘のせいで気も狂わんばかりになることを選び、すべてをぶち壊しにすることを選んでいるのだ。

人生の喜びを奪う感情の原因がほかならぬ自分自身にある、という事実を受け入れるのは難しい。自分の最悪の敵が自分とは――。しかし、それに気づくのは最高にいいことでもある。自分が自分をみじめにしていることがわかれば、逆に自分が自分を喜ばせることもできるはずではないか。

人生に責任を持つとは？

ここでいう「人生に責任を持つ」とは、人生に起きることのすべてについて責任を持たなければいけないという意味ではない。そうではなくて、人生で経験するすべての原因はあなた自身だと思わなければいけない、つまり、自分に起きることすべてにいかに「反応するか」は、ひとえにあなた自身にかかっているという意味なのだ（これに関しては次章と第9章で詳しく述べる）。

次に7つの定義をあげよう。自分の人生に責任を持っていないとき、あなたはいつも苦痛の場にいて、怖れや不安に対する力が弱まっているということを心にとめながら読んでほしい。

定義① 自分の人生に責任を持つということは、あなた自身の存在、あなたの行動、持っ

ているもの、感じることなどを絶対に人のせいにしないということだ。

「絶対に？　だって、今度のことはほんとに彼女のせいなのに」（あるいは、彼のせい、上司のせい、息子のせい、景気のせい、母親のせい、父親のせい、友だちのせい……。まだ書き落とした人がいれば、どうぞ自由につけ加えて）。

「だってほんとにそうなんだ！」って？　しかし、あなたの頭の中で起きることは、ほかの誰でもない、あなた自身がつくりあげているのだということを心から納得するまでは、本当の意味で自分の人生をコントロールすることはできない。

以下は私の生徒の言葉と、彼らがパワフルな場に行くために自問すべきことだ。

✤マデリーン「これまでの25年間、私がみじめな生活を送ってきたのは夫のせいです。間違いありません！」。……どうして彼と一緒に暮らしつづけることを選んだのだろう？　アラ探しをする代わりに、これまで彼がしてくれたことをひとつでも思い出せないだろうか？　あなたがあまりに怒っているせいで、彼はあなたと気持ちを通わせられないのでは？

✤デイヴィッド「私の頭が白くなったのは息子のせいです。ヤツがあんまり心配かけるもんでね」。……息子は自分で道をみつけるとは思えないのだろうか？　なぜいつも手を差し伸べてやらなければならないのか？　息子を自分の分身のように考えて期待しすぎたのでは？　どうして彼なりにやらせてやらなかったのか？

✤トニー「今のつまんない仕事を続けているのは、ひとえに景気が悪いせいです」。……景気が悪くても仕事をみつけている人もいることには気づかないのだろうか？　今の仕事にもっと楽しみをみつけたらどうだろう？　なぜ新しい仕事を探そうともしないのか？　職場に文句ばかり言っていないで、今の仕事のどこをどうしてほしいのか要求すればよいのでは？　自分にできるかぎりのことをしてみたらどうだろう？

✤アリス「昇進できないのは子どもたちのせいです」。……子どもがいてもちゃんと昇進し、子どもたちも問題なく育っている人がいることに気づかないのだろうか？　夫はあなたが働きたいなら子育てを手伝うと言ってくれているのに、なぜ受け入れないのだろう？　どうして本当に気に入った仕事に就くために役立つスキルを身につけようとしないのか？

ここにあげたエピソードにいくらかでも心当たりがあるなら、それでいい。ここでは今後どこに力を入れて努力すべきかをはっきりさせるだけにしよう。覚えておいてほしいのは、人生上での経験を、自分以外の何かのせいにしてしまうと、自分のパワーを放棄したことになるということ。それが苦痛を引き起こし、無気力や絶望感にとらわれるのだ。

定義② 自分の人生に責任を持つということは、自分を責めることではない。

一見、矛盾しているように聞こえるがそうではない。どんなものであっても、あなたからパワーをそいだり喜びを台なしにするものは、あなたを犠牲者にしてしまう。自分を自分の犠牲者にしてはいけない。

これは他人を非難しないことよりさらに難しいと感じる人もいるだろう。自分の不幸の原因は自分自身だと気づくと、どうしても自分を責めたり、こきおろしたりしてしまいがちだ。「ほら、また自分の人生をめちゃくちゃにして。オレってやつはほんとにどうしようもない。いつになったらわかるんだ?」

しかしこういう態度もまた、自分の人生に責任をとっていないことになる。大事なのは、あなたはこれまでどんなときも、あなたという特別な人間にとっていちばんよいと思うことをしてきたと理解することだ。

今あなたは新しい考え方を学び、さまざまなことに対してこれまでとは違う受けとめ方をするようになった。それによってあなたの行動もずいぶん変わるだろう。これまでの、今の、これからの自分の行動について腹を立てることも、くよくよすることもない。すべては苦痛からパワーへ向かうために必要なプロセスだ。

これには時間がかかる。自分を辛抱強く待ってあげてほしい。決して自分を追いつめてはいけない。何ひとつあなたのせいではないのだから。たしかにあなたの不幸の原因をつくっているのはあなた自身だとしても、だからといって自分を責めることはない。あなたは今、より大きな自分を実現する道の途中にいるのだから。

定義③ 自分の人生に責任を持つということは、いつ、どんなところで自分が責任を持っていないかに気づいて、みずから変わることができるということだ。

私の場合、他の何にも増して異性との関係で被害者を演じてしまうことがわかるまでに何年もかかった。いったい幾晩、女友だちを相手に、「彼」のせいでひどい目にあっているとくどくどグチったか知れない。

彼らは、いつも何かしら私の幸せを奪っていった。いつも遅刻する男もいたし、信じられないほどのケチもいた。全然稼ぐ気がない男、ゴルフ狂、けっして離婚しない男、その他大勢。そんな彼らに私は激しく怒り、うらんだ。

かくて「ねえ信じられる？ 彼ったら……」と、何時間もの長電話。友人たちは一緒に憤慨してくれた。私も彼女たちのパートナーに対するグチに耳をかたむけた。

私たちは「グチ同盟」を結成し、飽きることなく互いのグチにあいづちを打ちあった。私たちはお互いに殉教者ぶっては悦に入っていたのだ。いつだって自分たちのほうが正しい！と。それでいて、私は自分の人生に責任を持っていると信じこんでいた。私も友人のマーラと同じように素敵なマンションに住み、完璧に「自立して」いたから。本当は違った。人生に責任など持ってはいなかった。ただ「誰かが私を幸せにしてくれる」のを期待していただけだったのだ。

だがある日、ついに気づいた。世界中で私を幸せにできるのはたったひとりしかいないことに。それは私自身。皮肉なことに、そう気づいたことで、私は生まれて初めてすばらしい愛を育むことができた。

今、夫に腹が立ったときは自分にこう問いかけている。「自分の人生で、本当は自分でやっていいはずなのにやらないでいて、『私のためにやってくれてない』と彼を責めていることは何？」。今ではそれが何かすぐにわかる。たとえば私がお金にこだわりすぎているとか、精神的に不安定になっているとか、このところ運動不足だとか、自分の手には負えないことを夫が完璧にやってくれることを期待してしまうとか。

自分がどんなことをしているかに気づきさえすれば、あとは修正に入るだけだ。自分の人生で何をどうしなければならないかを考え直すようになってから、私の他人に対する怒りは消えてしまった。娘のレスリーが最近、私の今の結婚生活はすばらしいと言ってくれたとき、私はこう答えた。「そうよ。彼が私の人生をなんとかしてくれるはずだと思わなくなったとたん、マークはびっくりするくらい完璧な夫になったのよ」

パートナーにまったく期待するなと言っているわけではない。あなたの成長を応援してくれるとか、必要に応じて養ってくれるとか、配偶者としての愛情を示してくれるとか……。でも、相手がどんなにあなたを愛し、面倒をみてくれても、あなた自身が自分の人生に責任を持って生きていなければ、不十分に感じてしまう。まるで底なし沼のように、何をしてもらっても満足できないのだ。

もし相手があなたに対して必要な面倒をみてくれなかったり、愛情を示してくれなかったりしたら、もちろんその人のもとから去ってかまわない。だが、まずは自分にこう聞いてほしい。「これは相手がひどいのか、それとも私が自分の人生に責任を持っていないのか？」。そのうえで、これ以上人生をともにしたくないという結論に達したなら、もっと相性のいい人を探せばいい。それこそが責任ある人生だ。

本当に責任ある選択をしたかどうかは、あなたが相手にちょっとでも怒りを感じていないかどうかでわかる。あなたはかつて人生をともにすることを選んだ彼女もしくは彼のもとを立ち去ることを選んだ。相手にはまったく責任はない。相手はその人なりの成長レベルでベストの行動をとっているだけだ。あなたが本当に責任ある行動をとっているなら、怒りなどまったく感じないはずだ。

人間関係はあなたからパワーを吸いとるひとつの例にすぎない。自分が責任を負っていないのはどこか、他のことについても見渡すことが大事だ。あなたには次のような兆候はないだろうか?

- ✤怒りが湧く
- ✤イライラする
- ✤動転する
- ✤何をしても楽しくない
- ✤すぐ他人を非難する
- ✤気だるい
- ✤他人をコントロールしようとする
- ✤面倒くさい
- ✤集中力がない
- ✤何かにやたらにこだわりすぎる
- ✤自分を憐れむ
- ✤依存症
- ✤他人がうらやましい
- ✤無力感がある
- ✤人をやたらに批判する
- ✤失望感がある
- ✤いつも心が不安定
- ✤すぐ何かを妬む

とても全部は書ききれないが、あなたがこうした感情を味わうたびに、それが責任逃れの何よりの動かぬ証拠となる。この際、あなたが人生で何に責任をとっていないのかを突きとめよう。どの面で責任放棄しているかが簡単にわかって驚くかもしれない。

定義④ 自分の人生に責任を持つということは、自分の心の中の「ささやき声」をなんとかするということだ。

あなたの中にある小さなささやき声は、あなたを狂乱状態にさせようとたくらみ、しかもしょっちゅうそれに成功する！ そんなものがあることさえご存じない方もいるだろうが（私自身、これに気づいたときはショックだった）、このささやきこそ、あなたの不安のカギを握っている。

これからあなたに起きる破滅や、何かがたりないこと、失敗することを予言する声。その声の存在があまりにもあたりまえになっているので、そんな声がしていることすら気づかない人は大勢いる。たとえばこんな声だ。

〈彼女に電話したらあつかましいと思われるだろうな。でも電話しなかったら、興味がないと思われるかも……。でも電話して、留守電だったらどこにいるのか気になって、一晩中ヤキモキしてしまう。別の男と出かけてるかもしれないし。でもそれは電話しなくても気になるな。今夜は出かけないほうがいい。彼女から電話がくるかもしれないから。ぼくがいなかったら誰かと出かけたと思われる……。でもこっちから電話したら、彼女、引いちゃうかも。ああ、なんで電話くれないんだろう。そういえば、今日ばったりランチで会ったとき、ぼくちょっと冷たかったかな。もっと優しくすればよかった。服ももっとマシなのを着とけばよかった。今日の服って着太りするんだよね。それにしても彼女ちょっと冷たかったんじゃない？　この前ぼくがほかの子とデートしたって聞いたのかも。……毎晩じっと彼女の電話を待ってるって思われるのもヤだし。もしそんなふうに思ってるんだったら、図々しいよ。よし、この次会ったら、なんで電話しなかったのか問いつめてやろう。今週映画行こうって言ってたのに、覚えてもいないんだから。いい加減過ぎじゃないか？　とっちめてやろう。ガミガミ言うつもりはないけど、ぼくがどう思ってるかってことだけはわからせなきゃ……〉

あるいは、こんな声。

〈部長のやつ、今朝の会議にオレを呼ばないなんて何考えてるんだ。すげえ頭きた。オレの仕事なんてまるで評価してないんだ。ほかのやつらは1日中だらだらサボってるのに会議に呼ばれてた。ためしにオレもサボってやろう、そしたら部長のやつどう思うかだな。全身全霊で仕事するなんて割に合わないね。身を粉にして働いても報われやしない。どうせ、お偉いさんの手柄になるだけだ。今は馬鹿正直な働き者がありがたがられる時代じゃない。よし、見てろ。辞めてどっかに移ってやる。だけど、いまどき仕事探すのはたいへんだし、別の仕事なんてみつからないかもしれない。ちぇっ、修士号取っとくんだった。そしたらもっとチャンスがあったのに。オレの人生もここ止まりか……。40歳過ぎて雇ってくれるとこなんかまずないしな。要するにコネ次第。親が金持ちだったら、もっと顔の利く人とも知り合いになれたのに。オレなんかしょせん利用されてばっかりだ。会議からはずされるなんて。信じられない。まったく何様のつもりだ？　オレってほんとついてないよな……〉

ひとりでいるとき、どうしてもテレビやラジオをつけずにはいられない人が多いわけだ。頭がヘンになりそうなこんな状態から逃れられるなら、なんでもいいのだろう。でも大丈夫。こんな状態も、成長のうえでどうしても通らなければならない過程にすぎない。私たちはみな、人生のある時点で必ず「心のささやき声」の被害を受けているのだ。

さて、ともかくそういう声があることはわかった。どうやら自分ではそれを消すことができないらしいことも。本当は、こんな消極的な態度を追い払うすばらしい方法があるのだが、それについてはもう少しあとの章で取りあげる。

とりあえずは、あなたが心のささやき声の犠牲になっていることに気づき、それを優しい声にするように努力しよう。敵といつも同席することはない。たとえその敵があなた自身の中にいるとしても。ささやきが否定的な言葉を並べたてなくなると、ひとりでいるのがとても楽しくなる。

定義⑤ 自分の人生に責任を持つということは、「今のままでいる」ことにどんな見返りがあるかに気づくということだ。

「見返り」について考えると、こんな人生はいやだと思いながらもずっと続けてしまう理由がわかる。あなたはなぜそういう行動をとってしまうのか？　3人の例をあげよう。

ジーンは今の仕事に心底飽き飽きしていて、辞めたくて仕方がない。自分は被害者だと思っている。

彼女の心のささやき声は、ひっきりなしに「もしこうだったら」と言いつづけている。もしもっと簡単に仕事がみつかる時期だったらよかったのに。もしもっと自分にスキルがあればチャンスだってあるはずなのに……。

ジーンを今の仕事に引きとめている本当の理由は何か？　彼女にとっての「見返り」とは何か？

本当は、いつまでも被害者でいることに、ジーンは明らかに満足していた。ここにいれば新しい仕事を探して門前払いを食わされることもない。今の仕事は気に入らないが簡単で、自分にも十分こなせる。自分の能力に疑問を持つ必要もない。勤務時間内だけ働き、それ以上のエネルギーを注ぎこまなくてもいい。それに比較的安全だ。

「見返り」に気づいたジーンには、少なくとも3つの選択肢があった。①今の仕事を続け、みじめな気分のままでいる。②今の職場で仕事を楽しむように努める。③もっと満足できる仕事を探す。

そしてどうしたか？　彼女は今までの仕事と決別して、新しい仕事をみつけた。被害者を演じている間は、自分の状況をどうすることもできなかったが、「見返り」があるからこそ自分は今の仕事にとどまっていたのだと気づいたとたん、動き出すことができたのだ。

ケビンは妻と別居して5年になる。結婚したい女性が現れたが、妻や子どもに離婚したいと言いだせないでいた。だが、つきあっている女性が、それなら別れると言いだしたので、ついにセラピストの助けを借りた。

ケビンの心のささやき声は「犠牲者である自分」という物語をつくりあげていた。いわく、自分が離婚したいと言いだせば妻は自殺してしまう、子どもたちは口もきいてくれなくなる、両親に勘当される……。彼は意識のうえではこれらすべてを信じこみ、罪悪感でがんじがらめになっていた。

セラピストによって、すべてを手放すのを怖れているのが本当の理由だとわかるのに、さほど時間はかからなかった。もう妻を愛してはいなかったが、無意識のうちに彼女が自分の心理的な「帰るべき場所」になっていて、妻とのつながりを永久に断ち切ってしまうのが怖かった。それが行動を起こさずにいる「見返り」だったのだ。

根拠のない不安のせいで自分が立ちどまっていたことを知ったケビンは、ただちに妻との離婚話を進めた。もちろん妻は自殺などしなかったし、子どもたちも父親と口をきかなくなることはなく、両親にも勘当されなかった。それどころか、どうしてこんなに長い間何もせずにいたのか不思議がられたほどだった。

自分自身の「見返り」こそが離婚しない原因だと気づいたとたん、彼の罪の意識は消え、行動を起こすことができたのだった。

タニアはいつも病気がちだった。おかげで多くのことをやれないままでいた。彼女は自分を不健康に生まれついた「かわいそうな人間」だと思いこんでいた。まさしく被害者意識のかたまりだ。

ある日のワークショップで、私は生徒たちに、自分が「行動を起こさずにいる」ことの「見返り」をリストアップするように言った。だがタニアは、自分がいつも病気をしていることの「見返り」をひとつもみつけられなかった。

そこでグループのみんなが手伝って、ようやくみつけることができた「見返り」は次のようなものだった。

「タニアは病気であることによって周囲の関心を集めている。そのおかげでいろいろな面倒ごとを免除され、リスクもおかさずにすんでいる」

タニアは最初これを否定したが、とうとう少しは当たっていると認めるようになった。彼女自身、具合が悪いことによって人を操っているなどとは考えたこともなかったが、無意識レベルではそうだとはっきり気づいていたのだ。子どものころは、病気であることが自分に注目してもらう唯一の方法だった。

この「見返り」に気づいたことで、彼女は人生を変えようと思いはじめた。もしかしたら不健康な状態をつくりだしているのは自分かもしれないと気づき、さまざまな改革にのりだした。

まず、食生活を徹底的に見直し、スポーツジムに入会した。そして周りの大事な人たちに、自分の具合が悪いときには無視し、具合がいいときだけ相手をするという「ごほうび」をくれるようにしてほしい、そうやって自分を後押ししてほしいと頼んだ。ちょっと練習しただけで、周囲の人たちは彼女の頼みを実行できるようになった。

仕事の面でもタニアは具体的に達成すべき目標を決め、たとえ具合が悪くても必ずやりとげるよう努力した。また、自分を肯定する言葉づかいを心がけ、本書で紹介しているようなエクササイズにも挑戦した。

「見返り」を理解したタニアは、このままずっと病気がちでいることによって周りの注目を集めていたいのか、それとも他人とのつきあい方や人生の目標に対して、もっと満足のいく取り組み方をしたいのかを自問し、一方を選びとった。彼女はずっと見物客でいるよりも、人生に参加するほうを選んだのだ。こうして、タニアの人生にとって体調の悪いことはもう問題ではなくなった。

ここまでのケーススタディで、隠れた「見返り」が私たちの人生にどんなに大きな影響力を持つかがわかっただろう。「見返り」の存在に気づけば、みつけるのは簡単だ。紙と鉛筆を持って腰をおろし、耳をすませばいい。はたから見れば明らかで、見えていないのはあなただけということもある。もしみつからなければ、友だちに聞いてみるといい。あなた自身よりも、あなたの行動の原因についてはるかによくわかっていることに驚くかもしれない。

定義⑥ 自分の人生に責任を持つということは、人生でやりたいことが何かをみつけ、それを実行するということだ。

まずは目標を決める。決まったら、そこに向かって前進するのだ。たとえば、どんな家に住みたいかを考えてみよう。そして、実際に自分の家をそういう場所にする。自宅をおだやかで愛情にあふれた場所にするというようなことなら、お金もそんなにいらないはずだ。

あるいは自分の周りを見まわして、友だちになってほしい人を探す。みつかったら電話をかけて、一緒に何かをする計画を立てる。むこうから電話がかかってくるのをぼんやり待っていてはいけない。

あるいは自分の体をチェックする。もっと健康的になるにはどうすべきかを考える。アイデアが浮かんだらそれを実行する。

自分の人生を自分の手で「造形しよう」という意欲的な人は、残念ながら少ない。多くは、与えられるものをただ受け入れているだけ、そのくせブーブー文句を言う。いつも何かを待ちつづけて、時間を浪費してしまう人があまりにも多い。いつか完璧なパートナーが、完璧な仕事が、完璧な友だちが現れるに違いないと、ただ待ちつづけるのだ。

だが、誰かが何かを与えてくれるのを待つ必要などない。必要なものは自分でつくる。その力があなたにはあるのだから。全力で取り組み、目標をはっきりさせる。そして行動すること。結果が出るのは時間の問題だ。

定義⑦ 自分の人生に責任を持つということは、どんな状況においてもあなたには選択肢がいくつもあると気づくことだ。

私の生徒のひとりが、こう言っていた。

「毎日、目覚まし時計が鳴った瞬間から、ひとりで過ごせる時間が1時間半ある、その日1日をどんなふうに始めるかは自分次第――、そう気づいたんです。

カーテンを開けて陽射しを入れるか、それとも暗闇でダラダラ過ごすか。ベッドに寝そべって『起きて会社行くのいやだなぁ。今日提出のレポート、まだ仕上げてないよ』と思うのか、ベッドの中で自分を励ますポジティブな言葉を声に出し、これからの1日を楽しみにするのか。

気がめいるニュースを聞いたり、落ちこむような心のささやき声に耳を貸す代わりに、お気に入りの音楽をかけて踊るのもいいかも。体調がよくないと気をもむのも、今はすばらしいボディをつくりあげている途中だと自分に言い聞かせるのも自由。とにかく、今日という1日は、すべて私次第なんです！」

彼女の言うとおり、今この一瞬をどう感じるかを選んでいるのはあなた自身だ。つらいとき、苦しいとき、自分の心の声に耳をすませてこう言おう。「さあ、選んで」みじめな気分にひたるのか、それとも満ちたりた気持ちになりたいのか。たりないことをイメージするのか、それとも十分に満たされた様子をイメージするのか。妻に怒りをぶつけてしまったと自分を責めるのか、それともそのとき自分が不安だったことに気づいて、それについてちゃんと妻と話しあうのか。すべてはあなた次第。あなた自身がいちばんいきいきし、成長できるものを選ぶことだ。

ほかにも、たとえばこんな選択肢がある。

✤一緒に行こうと計画していた旅行に、友だちが行けなくなった。あなたは激怒する？　それとも彼女には彼女なりの理由があると理解し、別の人を誘う？　この際、ひとり旅を楽しむのもいい！

✤夫はアルコール依存症だ。あなたは一生をかけて彼を矯正《きょうせい》し、ガミガミ叱りつける？　それとも依存症の家族会に参加して、自分を変える方法を学ぶ？

✤風邪をひいて、出席するはずだった会議に出られなかった。これで私のキャリアもおしまいだと嘆く？　それとも仕事で成功するには数限りない方法があることに気づく？

✤陽光あふれる休暇を期待してカリフォルニアに行ったら、連日のどしゃ降り。この旅行は大失敗だったと落ちこむ？　それとも休暇をすばらしいものにする方法を探す？

どちらを選ぶかはすべてあなた次第だとわかっただろう。本書をさらに読み進めれば、いつどんなときでも、ものごとのいい面に目を向ける力がさらに育つはずだ。

もちろん、こういう考え方をしたからといって、誰かがあなたに非礼なふるまいをすることまで許す必要はない。これはただ、あなたがもっと満足のいく人生を生きるための考え方だ。

それから、人生で起きることすべてに責任を持って生きようとすれば、長期間トレーニングを続けなければならないことも覚えておいてほしい。何年も続けている私でも、いまだに毎日トレーニングしている。でも、そのおかげで、人生はよくなりつづけている！　あなたも始めたとたん気分がよくなるのがわかるはずだ。

内なるパワーを感じるためのエクササイズ

この章は、次のエクササイズでしめくくることにしよう。怖れや不安にさらされたとき、自分の内なるパワーを強く感じられるようにするためのものだ。ぜひトライしてほしい。

①あなたにとって、現状に立ちどまっていることにはどんな「見返り」があるのか、すべてリストアップしてみる。どんなことに立ち向かわずにすんでいるか？　どんなことをやらずにすんでいるか？　どんな安心感があるのか？　しがみついていることにどんなイメージを持っているか？　できるかぎり正直に。自分がしていることに気づけば、ロボットのような行動はなくなる。なりゆきに任せる代わりに、自分の意志で行動するようになるはずだ。

②1日の間に自分にどんな選択肢があるかを意識する。何か困難な状況に直面したら、腰をおろしてノートを開き、自分がとれる可能性のある行動をすべて書き出し、それらの行動について感じたことを書きとめる。目を閉じて、ある行動をとって満足している自分の姿を想像してみよう。それから、それによって悲しんでいる自分の姿も思い浮かべてみよう。同じく怒っている自分、面白がっている自分、気分が重くなっている自分、気分が軽くなった自分も。こうしてみると、ものごとに対する視点を変えるのが簡単なことがわかってくるはずだ。感情も同じ。あなたは自分自身をコントロールしているのだ。

イライラするたびに、ほかにも選べる感情があることを思い出そう。これもまたゲームにしてしまうとラクだ。いらだっているからといって、自分をダメ人間だと思ってはいけない。そのいらだちを、あなたが自分の人生に責任を持つために、どこから手をつけたらいいかを教えてくれるすばらしい手がかりにすることだ。

③友だちと話すとき、自分が話していることを意識してみよう。もしかしたら他人に対する文句だらけではないだろうか。「信じられるかい？　ジルときたらまたディナーに遅れてきた。もう大げんかだよ、レストランの中だっていうのに」。こんなことをしょっちゅう口にしているような気がするなら、ちょっと視点を変えてほしい。自分について新たな発見ができるかもしれない。たとえば「ジルが遅刻するたびに、ぼくはいつもカッカして爆発してしまう。どうしてだろう。たぶん彼女がぼくの時間を尊重していないと感じるからだ。でも一方では、それをちょっと楽しんでもいる。だって常に何かしら文句をつけるネタがあれば、自分のほうが優位に立てるから」

④今あなたを動揺させていることをポジティブなものに変える選択肢を、できるだけたくさんリストアップしてノートに書きとめる。先のジルの遅刻の例なら、どんな選択肢が考えられるだろう？

ⓐジルとはもう会わない。ⓑどうせ遅れるのだから、彼女よりさらに遅れて着くようにする。ⓒ何か面白い読み物を持っていく。ⓓリラックスする。ⓔ約束の時刻に現れなか

ったら絶対に待たないと彼女に言っておく。どうだろう、怒る理由はどこにもない。どんな状況でも、少なくとも30通りは違う視点があるはずだ。「視点を変えてみようゲーム」にしてしまい、友だちと一緒にやるのもいいだろう。一緒に成長する仲間がいるのはとても心強いものだ。

⑤いつもは「ひどい状況」だと思っていることから、本当はこれまでどんな贈りものを受け取ってきたかを考える。たとえば、もしいまだに離婚の痛みを引きずっているなら、結婚している間にあったたいいことだけを思い出してみる。あるいは、友だち、今までにはなかったお金の使い方、自由、今までほど人に依存しなくなったことなど、離婚して得られたいいもののことだけを考えてみよう。

⑥1週間、誰のことも批判せず、何についても不満を言わないで過ごせるかやってみる。このエクササイズは本当に難しい！　一度やってみればあなたもわかるはずだ。日ごろ自分がどれほど不平を言い、人を批判しているかを知って驚くに違いない。もしかしたら不平不満や悪口の類を徹底的にやめてしまうと、話すことが何もないような気になるかもしれない。ぐちをこぼすというのは習慣なので、何かもっとポジティブなことで置き換える必要がある。それにはちょっと時間もかかるし工夫もいるが、そのほうが今までよりはるかに満足だし楽しいことに気づくはずだ。

5

ポジティブに生まれ変わるトレーニング

「また、そんな。ポリアンナみたいなこと言わないでよ！」。ものごとの明るい面を見ようと提案して、私はいったい何度こう言われたことだろう。ポリアンナとは物語の主人公の名前。どんな悲しいことやつらいことがあっても、「いいこと探し」をして明るく生きる女の子のことだ。

私も長い間、ポリアンナのようにいい面ばかり見るのは、世間知らずで非現実的だと信じて疑わなかった。無意識のうちにそう頭に叩きこまれていたからだ。

どうしてわざわざ否定的に考えるのか？

以前、友だちとディナーに行ったときのことだ。彼女があることについて悪い面ばかりこれでもかと強調するので、「少しはいい面にも目を向けて見たら？」とうながすと、彼女が突然、私を見くだすようにつぶやいた。「あなたってポリアンナみたいね」

すると私は自分でも驚いたことにこう言っていた。「ポリアンナみたいで何が悪いの？たとえ何かうまくいかないとしても、生きてるっていいもんだなあと思っていいじゃない。うつむいて落ちこむようなことばっかり考えてないで、お日さまを仰いだっていいじゃない。どんなことにだっていいところをみつけようとしちゃいけないわけ？」。そして、信じられないことにこうまでつけたしていた。「むしろ、なんでみんながこういう考え方に抵抗するのか、私にはわからない！」

しかし現実には、みんな抵抗するのだ。

ポジティブな考え方は、人に理解してもらうのがとても難しい。私のワークショップや授業でも、ポジティブ・シンキングというコンセプトを持ちだすと、生徒はたいてい「そんなの現実的じゃないですよ！」と言う。

そこで、どうして悪い面ばかり考えることのほうが現実的なのか聞いてみると、誰も答えられない。みんな、否定的な考え方は現実的で、肯定的な考え方は非現実的だと、自動的に思いこんでいるだけなのだ。よく考えてみれば、こんな思いこみは大間違いもはなはだしいことがわかる。

事実、「私たちの不安の90パーセントは、現実には起きない」という研究結果がある。悪いことばかり考えて怖気づいたり不安になったりしても、的中するのはたった10パーセントなのだ。だとすれば、楽天的に考えることこそ現実に即していることになる。

あなた自身の人生について考えてみよう。これまであなたが不安に感じたことのほとんどは、実際には起きなかったのでは？　いつも不安ばかりかかえているのは、現実的でもなんでもないのだ。

このことをもっとよく考えると、大事なのはどちらが現実的かではなく、「せっかく幸せな気分でいられるのに、どうしてわざわざみじめな気分になるのか?」ということだとわかる。ポリアンナ的な考え方をすることで、自分自身や周りの人たちがもっと幸せになるのなら、今すぐ考え方を変えたほうがいい。

あなたはどちらになりたいか

ふたつの例を見てみよう。

ジョーンとメアリーはどちらも主婦。ふたりとも40代半ばで突然夫を亡くした。

ジョーンは、たちまち悲劇のヒロインを演じるようになった。そうして何年もの間、誰かれかまわず同情を引くことにつとめたせいで、とうとう誰も彼女とつきあわなくなってしまった。

するとジョーンはそれを、ひとり身になった女などには誰も声をかけてくれない「証拠」だと思いこんだ。そして、もう自分を愛してくれる人など現れるはずがないと自分に言い聞かせた。もちろん真実は違う。すべて彼女自身の態度が招いたことだった。

夫はジョーンにようやく食べていけるだけのお金しか残さなかったので、彼女はその蓄えだけで暮らしていくことに決めた。いくつか仕事の面接は受けたものの、まったく熱意のない態度だったから、当然結果は不採用。自分の年では仕事などみつからないだろうとあきらめたのだ。ジョーンは消極的に考えることによって、みじめな人生を現実につくりだしたのだった。

一方のメアリーは、夫に先立たれて悲しみに沈んだものの、元気をふるい起こして人生を始めからやり直すことに決めた。彼女は、たとえどんなことがあっても、そこから何かしらよいものが生み出せるはずだとかたく信じていた。

メアリーにも余分な財産はなかった。そこで、外に出て自分で稼ごうと決心した。それまで働いた経験はまったくなかったが、必ずどこかに働き口があるはずだと信じて——。それまではボランティアで資金集めをやっていて、その仕事が大好きだった。そんな経験から、中規模のチャリティ団体の資金調達部門アシスタント職に応募してみた。そして見事採用された。

それから2年のうちに、彼女は自分がすっかり変わったことに気づいた。自分がそれまで感じたことがないほど大きくなった気がした。もちろん夫が亡くなったのは悲しかったし、いまだにときどき懐かしくてたまらなくなることもある。でも、何もかも自分でせねばならなくなった結果、信じがたいほど成長したのだ。

ジョーンの友だちとは違って、メアリーの友だちは誰も、どんな計画からも彼女をはずしたりしなかった。いつもひたむきで、悲劇を輝きに変え、あふれんばかりの喜びをもたらしてくれる彼女の姿を目にすると、みんな勇気をもらえるからだ。そのポジティブな態度によって、メアリーは喜びと充実感に満ちた人生を、現実のものにした。

この例と不安とにどんな関係があるかって？　思い出してほしい。不安に対処するということは、苦痛の場からパワーの場に向かって移動するということだ。ふたりの女性は、どちらも最初は不安だった。だがジョーンは苦痛にしがみつき、メアリーはパワーの場に向かって突き進んだ。ジョーンは不安のあまり立ちどまったが、メアリーは不安のおかげで成長できた。

ジョーンはいまだに、自分には友だちがあまりいないこと、ひとりぼっちで死ぬこと、お金が底をつくことを怖れている。「苦痛からパワーへ」の図の左側で生きている彼女は、力なく、絶望し、身動きのとれない状態だ。

一方、メアリーは不安のおかげで新たな一歩を踏み出した。組織のために十分以上の資金を集め、テレビのインタビューでも人々に喜ばれる話をし、期日どおりに広報誌を出すなど、数々の実績を重ねることもできた。メアリーの不安は、ジョーンのそれとはまったく違う。メアリーは「苦痛からパワーへ」の図の右側で生きていて、自分の世界でらくらくと、活気とやる気に満ちた人生を送っている。

あなたもポジティブな考え方を学べば学ぶほど、内に秘めたパワーがどんどん開花するはずだ。

誰もが驚く「腕の実験」

私は、*Chicken Soup for the Soul*（『こころのチキンスープ』ダイヤモンド社）シリーズの著者であり、セルフ・エスティーム・セミナーの主催者でもあるジャック・キャンフィールド氏から、ポジティブな考え方とネガティブな考え方の効用に関する実演法を教えてもらったことがある。以後、自分のワークショップで実践しているが、それはこんなやり方だ。

①誰かひとりに前に出てもらい、クラスのみんなに向かって立ってもらう。
②その人の腕になんの問題もないことを確認してから、どちらか一方の手で握りこぶしをつくって、その腕を自分の体の真横に上げてもらう。
③私がその人と面と向かって立ち、「片手を伸ばして手のひらであなたの伸ばした腕を下に押し下げるから、あなたは下げられないよう力いっぱい抵抗して」と言う。
④言ったとおり上から押す。これまでたった一度で私に腕を押し下げられた人は1人もいない。

⑤その人に腕をおろしてもらい、目を閉じて「私はか弱い、とるにたりない人間だ」というネガティブな言葉を10回唱えてもらう。唱えるときは、心からそう感じてもらう。
⑥10回唱え終えたら目を開き、片腕を前とそっくり同じように真横に上げてもらう。このときも前と同じように力いっぱい抵抗するようにいう。
⑦先の④と同じように上から押す。今度は、たちどころに腕を下げることができる。まるで全然力が入っていないような感じだ。

なすがままに腕を押し下げられてしまったときの、本人の顔を見てほしい。「準備ができてなかったんです」と言いわけして、もう一度やらせてほしいと言う人もいる。でも2度目もそっくり同じことが起きる。ほぼなんの抵抗も示さず、あっさりおりてしまうのだ。目のあたりにした人は誰もが呆然とする。

このあと、その同じ人に再び目を閉じて「私は強くて尊敬に値する人間だ」というポジティブな言葉を10回唱えてもらう。このときも心の底からそう思いながら。そして腕を伸ばして、私が上から押すと、今度は下がらない。当人も見ている人も再び唖然。事実、最初よりもっと強くなっていて、腕はピクリとも動かない。

ポジティブなメッセージ、ネガティブなメッセージの両方をランダムに試しても、やはり同じことが起きる。ネガティブな言葉を唱えてもらったあとは、簡単に腕を下げることができるが、ポジティブなメッセージの後では絶対に下げられないのだ。

疑い深い方のために言うと、この実験は、本人がどちらのメッセージを唱えたかわからないという状況でも実験ずみだ。私が教室を出て行き、そのあとでクラスの全員がネガティブなメッセージを唱えるか、ポジティブなメッセージを唱えるかを決めるのだ。それでも結果は同じだった。弱い言葉を唱えると腕の力は弱まり、強い言葉を唱えたあとでは強くなる。

この実験が証明しているのは、私たちが口にする言葉には驚くべきパワーがあるということだ。ポジティブな言葉は私たちを肉体的に強化し、ネガティブな言葉は肉体を弱くしてしまう。

さらに驚くべき点は、その言葉を言う人が、それを本心から信じているか否かは関係がないということだ。その言葉をただ口にしただけで、内なる自分はそれを信じてしまう。どうやら、内なる自分には本当のこととそうでないことの見分けがつかないらしい。

内なる自分は「判断」ということをしない。ただ、聞かされたことに反応するだけだ。「私は弱い」という言葉を聞くと、それを体に伝える。「私は強い」という言葉を聞けば、体への指令も「強力」となる。

ここから学べることは、「自分にネガティブな言葉を聞かせるのはやめよう」ということだ。ネガティブな考え方はあなたのパワーを奪ってしまい、その結果、怖れや不安で身動きがとれなくなってしまう。

脳にも、日々トレーニングを！

ポジティブ・シンキング自体は、少しも目新しいコンセプトではない。ポリアンナだけでなく、ノーマン・ビンセント・ピールやナポレオン・ヒル、マクスウェル・マルツといった人たちが、何年も前からこの考え方を広めてきた。彼らの著書は今でも広く読まれている。

では、なぜ私たちはいまだにポジティブな考え方をしていないのだろう？　おそらくポジティブに考えるために何が必要かを、まだ十分理解していないのだ。ポジティブに考えるためには、心から本気でそれに取り組まなければならないし、それなりのトレーニングも必要だ。それに、ひとたびできるようになってからもメンテナンスが不可欠だ。

トレーニングもしないで、常にポジティブな考え方ができるようになった人を私は見たことがない。私の経験では、トレーニングを怠るとやり方を忘れてしまう。おそらくほとんどの人がこのことを知らないのだろう。

ポジティブでいるトレーニングをやめたら、自然とネガティブになるなんておかしいと思われるかもしれない。だが、たとえばこれを体のエクササイズだと考えてみたらどうか？

いったん完璧なボディを手に入れても、その状態を維持するためにはトレーニングが欠かせない。しばらくさぼれば筋肉はゆるみはじめ、50回できた腹筋運動も20回が限界になる。

脳だって同じだ。毎日何かしら問題を解決したり、刺激的な会話や読書などをしている間は冴えている。ところが休暇で2週間もビーチでのんびりしたあとは、脳もすっかりだらけ、元の状態に戻すのに数日はかかる。

私たち人間には、怠ることなく絶えず強化しつづけなければならないという面がある。このことは否めない。ポジティブな精神もそのひとつというわけだ。

ダイアナ・フォン・ウェラネッツとポール・フォン・ウェラネッツが創設したインサイド・エッジというグループは、成功をおさめたポジティブな人ばかりで構成され、ミーティングのたびに、メンバーのひとり、あるいは外部からスピーカーを呼んで、やる気やエネルギーをかきたてる話をしている。メンバー全員が、ひとりでポジティブ・シンキングのエクササイズをくりかえすだけでなく、周りにポジティブな人たちがいることがいかに大事かを十分認識しているからだ。

このグループには、自己啓発分野でベストセラーをものした著者たちも大勢いる。彼らはもちろん自己啓発に関するありとあらゆるテクニックを熟知しているが、それでも毎週集まっては（それも朝の6時15分から！）お互いをサポートしあっている。そして日々何かしらポジティブな考え方のエクササイズをしている。1日でもさぼると、なんとなく調子が悪くなるからだ。

定期的にトレーニングをしないとポジティブな考え方をキープできないということに、まだ首をかしげる人も多いだろう。だが、たとえばシャワーやお化粧、ひげ剃りのことを考えてほしい。これらは、今日すませたからもうしなくてもいいというものではない。それでも誰も文句を言わず、朝起きるとまたシャワーを浴び、ひげを剃り、お化粧をするではないか。どれも心身をさっぱりとさせるための行動だ。ポジティブな考え方も同じ。実際、本当にすっきりしてすばらしい気分になる！

日々の気分を高める6つのツール

というわけで、あなたも体のシェイプアップと同じように、脳のエクササイズ・プログラムをつくるところから始めよう。この場合は、気持ちを引き上げるプログラムだ。あとで私のお勧めプログラムをお教えするが、その前に、6つのツールを紹介しておこう。手元にあると、毎日の日課がより効果的で楽しくなるはずだ。

①小さなオーディオカセットもしくはCDプレイヤー、iPodなど、音を聴くために便利なポータブル機器。

②自分を肯定し、ポジティブになるための「アファメーション」のテープもしくはCD。ありがたいことに、今は人生をポジティブにするためのオーディオ教材がたくさん手に入る。こういう教材の中には、肯定的なメッセージもあるし、リラクゼーション、瞑想、モチベーションを上げるもの、視覚的イメージのためのもの、インスピレーションを喚起するものもある。気持ちを高めるための本もたくさんオーディオ化されている。こういう教材の利点がわかると、いろいろ揃えてライブラリーをつくりたくなるかもしれない。

③気持ちやモチベーションを高める、ポジティブ・シンキングに関する本。図書館で借りるより買うことをお勧めする。きっと書きこみをしたり線を引いたりして、何度も読み返したくなるだろうから。こういう本は、いついかなるときにもあなたを支えてくれる。本やオーディオ教材を買うなんて、お金がかかってしかたがないと思われるかもしれない。そのとおり、お金はかかる。でも、あなたの人生をよりよいものにするために、これ以上の投資対象を私は知らない。もしお金に余裕がなければ、少しずつ始めればいい。大事なのは、「始める!」ということだ。

④カード、もしくはポストイットのような付箋《ふせん》。
⑤ポジティブな言葉の引用。なんらかの意味で、本当にあなたの心に触れるものを探す。私自身にとって効果的だったものをいくつかあげてみよう

✤港にいる船は安全だ。だが船はそういう目的でつくられたのではない。（ジョン・シェッド）
✤何かをやり終えるいちばんの方法は、ともかくやり抜くこと。（ヘレン・ケラー）
✤成功しなかったからといって、私は敗残者ではない。ともかく私は試みた。それだけで勝者なのだ。（作者不詳）
✤すべてのことがどんなに危険かを考えれば、本当に恐ろしいものなどひとつもない！（ガートルード・スタイン）
こんなのはどうだろう？
✤不安でもあたりまえ。とにかくやってみよう！（スーザン・ジェファーズ）

こうした言葉をひとつずつ、カードやポストイットに書き、それを鏡や机、冷蔵庫のドア、車、手帳など、身のまわりのあらゆるところに貼りめぐらすのだ。本当にあなたの

心に「語りかけてくる」メッセージをひとつだけ選び、それをカードに何枚も書いていたるところに貼り、どこを見ても必ず目に入るようにするのもいいかもしれない。もしあなたに絵心があれば、文字だけでなくきれいなポスターにして自宅の壁に飾ってはいかが？　心を打つようなメッセージの入ったポスターを買って、インテリアとして飾ってもいい。

いずれにしても、あなたが歩みを進めるにつれて、引用するメッセージも変わっていくことだろう。そのときどきに応じて、自分にとって意義のある言葉は変わってくる。それに逆らわず、変えつづけよう。そして作業が楽しくなるように、創造性を発揮しよう。ユーモア作家のジャン・マーシャルが言うように、「人生がシリアスだなんて証拠はひとかけらもない！」のだ。どうかしちゃったの？　と友だちに聞かれるくらい、思いっきりハメをはずせばいい。心から楽しんで！

⑥②でも述べた「アファメーション」とは、平たく言えば「もっとも高次元の自分に語りかけるひとりごと」だ。腕を押し下げる実験で紹介した、自分への言葉のパワーを思い出してほしい。アファメーションはそのもっとも強力なツールのひとつで、しかもとても簡単で安上がりなものだ。

アファメーションとは、すでに起きつつある何かについてポジティブな言葉で語るということ。明日のことでも遠い未来のことでもない、今この瞬間のことを語るのだ。いくつか例をあげよう。

✤今、私は古いパターンの生き方を打ち破り、明日へと向かって進んでいる。
✤すべてなんとかできるとわかっているから、私はリラックスしている。
✤私は堂々と胸を張って、人生に責任を持って生きている。
✤私という人間は大切な存在だから、それにふさわしい行動をする。
✤私は自分の行くところすべてに、愛と温かさを広める。
✤今すべてが申し分なくうまくいっていると信じ、ありのままを受け入れている。
✤私は人生に起きることをおだやかに受け入れている。
✤私は自分の経験のすべてに贈りものを見出している。
✤私はパワフルで、愛にあふれ、怖れることなど何もない。
✤私は、私に与えられた数々の恵みにひたすら心を注いでいる。

これらはほんの一例だ。私はこうした言葉の効用を心から信じているので、自分でも3枚のCDをつくっている。ポジティブな言葉のテープやCDを聴くことで、言葉のレパートリーが広がり、自信やおだやかな心、愛に満ちた気持ちをより高めることができる。

ここで、自分で自分にポジティブな言葉をかけるときに覚えておいてほしいことがある。

ⓐ常に現在形で語ろう。

誤：私は自分の不安をなんとかするだろう。

正：今、私は自分の不安にうまく対処している。

ⓑ肯定する用語を使おう。

誤：私はもう自分を卑下しない。

正：私は日々、自信を深めている。

身のまわりの状況や気分が変わると、それに応じてしっくりくる言葉も変わるものだ。
そのときどきのあなたにぴったりの言葉を選ぼう。

初心者のためのポジティブ・エクササイズ

さて、ではポジティブに考えるために以上の6つのツールをどう使えばいいのか。典型的な1日を例にとって見ていこう。

このプログラム全体のポイントをひとことで言えば、「ネガティブなささやきを言い負かす」である。でも、お気づきのように、これはたいへんだ。あなたの心のささやき声には恐るべき持久力があって、あなたに影響力をおよぼしつづけるべく、ありとあらゆる手段で抵抗するからだ。

だが、ひとたびこの小さな声をコントロールできるようになれば、もう大丈夫。より自然にポジティブな考え方ができるようになり、毎日、自分にほんのいくつかの言葉をかけて思い出させるだけで、気持ちを高めておけるようになる。

とはいえ、はじめは全速力で進まなければならない。というわけで、あの「ささやき声」を言い負かす第1日目を体験しよう。

①目が覚めたら、まずオーディオのスイッチを入れよう。前の晩に何を聴くかを選んでオーディオ機器に入れておき、スイッチを押せばすぐ始まるようにしておくこと。これを

聴くことによって、すばらしい気分で1日を始めることができる。アファメーションや瞑想のCD、やる気を起こさせたり気持ちを高めるCDやオーディオブックでもいい。スイッチを入れたら横になったまま目を閉じ、パワフルで愛にあふれたメッセージを心に染みこませる。わずらわしいことや恐ろしい事態に立ち向かうことを考えながら横になっているのに比べて、これがどれほどすばらしいか、あなたも認めずにはいられないはずだ。

②ベッドから出たら、壁や冷蔵庫や鏡、その他あちこちに貼りめぐらしたポジティブな言葉に注目しよう（人間という生き物は、いい気分でいるためになんと知恵を絞らなければならないものか、とちょっと笑ってしまうかもしれない）。

③着替えの間は、心がウキウキしてくる音楽を流す絶好のチャンス。ヒーリングでも、ロックでもクラシックでも、そのときのあなたの気分にぴったりするものでOK。

④着替えながら、同時にあらかじめいくつか選んでおいた「今日の言葉」を唱えよう。鏡の前はポジティブな言葉を唱えるには最高の場所だ。最低10回はくりかえそう。ネガティブな考えが心に忍びこみそうな日なら、1日中何度でも。ネガティブな考えは、知らぬ間にそっと忍びこむので、気づいたら間髪を置かず唱えること。心のささやき声に頭を占領されてはいけない。くりかえし唱えつづければ、いつか絶対に効果が出ると信じ

よう。

【注意】もしあなたが朝一番にテレビやラジオのニュースをつけるのが習慣になっているなら、エクササイズを始めてしばらくはやめることをお勧めする。ニュースで伝えられることは、あまりにもネガティブだからだ。今日1日に対する準備を整える間、あなたの選んだポジティブな声だけが耳に届くようにする。朝食の間に新聞を読むのが習慣なら、代わりにやる気や気分を高める自己啓発書を読むようにしよう。

かつてニューヨークで、怖れや不安に関する講座を受け持っていたころ、生徒たちと一緒に、ニュースを完全にシャットアウトする実験をして、その劇的な効果に全員が驚いたことがある。友だちと悲惨な世界情勢について語りあう代わりに、自己啓発書で学んだポジティブな考え方を情報交換するようにしたら、会話はよりいきいきとエキサイティングになった。

一度ポジティブに考えることを習慣づけてしまえば、また新聞を読んだりニュースを見たりしてかまわない。こうしたニュースに対して、自分がより建設的な態度になっていることに気づくだろう。そして「悪いニュース」の中にも、自分やコミュニティに対して責任を果たすチャンスをみつけられるようになるはずだ。

⑤もし毎日運動をしているなら、その時間は自分の中にポジティブな考え方を注入する絶

好のチャンスだ。体を動かしながら「今、私の体の中をエネルギーが駆け抜けている」とか、「私はすばらしい1日をつくりだしている」といったことを唱えれば、運動の効果もはるかに上がるに違いない。

⑥さて、朝食もすんで仕事に向かう時間だ。私はロサンジェルスに住んでいるので、車の中で過ごす時間が長くて辟易《へきえき》しているという話をしょっちゅう耳にする。でも私は違う。自分の車を「学びの館」にしているので、車に乗りこむのが待ちきれない。エンジンをかけるやいなや、CDかテープをかけて、やる気や気分を高めるメッセージ、あるいは陽気な音楽を聴く。私にとって通勤時間はとてつもなく実り多い時間だ（運転中は、リラクセーションや瞑想のオーディオはかけないこと。理由は明らか）。

もし徒歩で出勤しているなら、ポータブル機器を利用して歩きながら聴くこともできるし、お気に入りのポジティブな言葉を唱えながら歩いてもいい。自宅で仕事をしているなら、雑用をしながらでも買い物に行きがてらでも、1日中いつでもポジティブなメッセージを聴くことができる。小さなお子さんが家にいるなら、あなたのそのポジティブメッセージは、感受性の強い幼い心にもよい影響を与えることだろう。

⑦オフィスに足を踏み入れたら、あらかじめあなたがそこら中に貼っておいたポジティブな言葉に目をとめてほしい。ここでも、思わず笑ってしまってかまわない。笑えばすべ

てが明るくなるのだから！

⑧「今日の言葉」の中からひとつだけ選んで、それを手帳に書きとめよう。そして手帳を開くたびに、最低10回は唱えよう。デスクにとっておきの言葉を貼って、いつも見えるようにしておくのもいい。ちなみに今、私のデスクにあるのは、「今起きていることはすべて完璧だ」。人生に何が起きようと、そこから何かを学んで成長することを忘れないために貼っている。本当にすばらしいメッセージだと思う。

⑨あなたがよほどのマゾヒストでもないかぎり、朝の儀式で注入した高いエネルギーレベル、そして不安のない状態を1日中キープしたいと思うはずだ。プレッシャーや疑念が忍びこんできたら、ポジティブなエネルギーで自分を修正しよう。やり方は簡単。「今日の言葉」を、パワーや楽天的な気分が再び感じられるようになるまで何回も唱えるだけ。ネガティブな心のささやき声も、すきあらばあなたの意識に入りこもうとするはずだから、それを言い負かすことも忘れないで。昼も夜も、ポジティブに修正しつづけることを心がけよう。

⑩夜ベッドに入る前に、リラクセーションのオーディオをかけて、心安らぐメッセージに身を任せよう。安らかで幸せな眠りにあなたを誘い、ほっとした気分になれるものならなんでもいい。ネガティブなささやき声につきあうよりずっといいはずだ。人生、たり

ないものだらけ。自分はまるっきり力不足だなどとささやいて、あなたを説き伏せようとするバカげた声には耳を貸さず、愛と優しさに満ちたメッセージを聴きながら、いつしか安らかな眠りに落ちることにしよう——。

ありのままの自分を開花させる

以上のようなエクササイズに真面目に取り組めば、必ず、あなたをとりまくすべてが劇的に好転する。

ポジティブな考え方は、あなたの人生のすべてを変える。心のささやき声が聞こえなくなると、以前はいったい何をそんなに心配していたのかと不思議に思うだろう。代わりに夢にも思わなかったようなパワフルなエネルギーを持てるようになる。

よく笑うようになり、もっと人を愛するようになり、身の周りにポジティブな人々をたくさん引き寄せるようになり、肉体的にももっと強く健康になる。

そして、生きている幸せを感じるはずだ。

だから、最低1ヶ月は気を抜かずに続けること。それから、自分で思うほどきちんとできない日が何日かあっても、ネガティブなささやき声にガミガミ言わせないこと。「ほらね、おまえはこんな単純なエクササイズさえちゃんとやれないんだから。いい気分になんてなれるはずないよ。ほんとに、どうしようもないね」などと言われたときこそ思い出すのだ。これは単に心の中のネガティブなヤツがしゃべっているだけで、負けないように声を張りあげればいいのだと。もしネガティブなささやき声が、こんなことやってもどうせダメだよと言いだしたら、「私は完璧にやっている!」と言い返すのだ。

そのうちに(いつ準備が整ったかは自分でわかるが、たぶんごく短期間のうちに)、少し手綱をゆるめられるようになる。そうしたら今度はその状態を保つためのメンテナンス・プログラムを始めよう。

ポジティブな考え方をするには毎日のトレーニングが欠かせないということは、どんなに力説してもしたりないほどだ。もう何年もトレーニングを続けている私も、頭の中からネガティブな考えをなくすために、いまだに欠かさずトレーニングの時間をとっている。たまにトレーニングできない日が続くと、気分がだんだん衰えていくのがわかる。そんなときでもプログラムに従えば、またすぐ簡単に元の調子に戻れるのはありがたい。

ポジティブな考え方についてもうひとつ知っておいてもらいたい重要なことがある。それは、「このポジティブな考え方を、苦痛を否定するための言いわけに使ってはいけない」ということだ。

ポジティブな考え方の持つすばらしいパワーを知って気分が高揚しはじめると、自分の人生にも、世界中の悲しみや痛みの現実にも目をつぶってしまいたくなる。でも、私たちの人生には痛みがつきものなのだ。何かを失ったり、失望したりといった経験を一度もしない人などひとりもいない。

本当にポジティブな考え方をしていれば、いつでも苦痛の側から逆の側に戻って、美しく実りある人生を生きられることがわかるはず。だから、涙を流してもまったくかまわないのだ。

そう、世界にはたしかに痛みが存在する。本当にポジティブな考え方をしていれば、世界のために涙を流すのもあたりまえだ。飢餓もあれば人種差別もある。戦争もある。環境問題もある。そのほかさまざまな痛みがある。涙を流そう。そして、そういう問題に関わるのだ！　たとえ今はまだ手探りでも、必ず何か打つ手があるはずだというポジティブな精神で。否定すれば行動は停滞し、どうしようもないという気持ちへとつながってしまう。

まったく痛みを感じない人などいない。痛みがあるときはそれを否定しなくていい。大事なのは、たとえ外界がどんな状況にあろうとも、あなたは有意義で実りある人生を送れると知っておくことだ。

ポジティブな考え方は、たとえ人生にどんなことがあっても、あなたの気持ちを高めるパワーを与えてくれる。あなたの人生を支配するのは「落ちこんで立ちどまっている期間」ではない。不屈のパワーこそが、あなたの人生の中心だ。

不屈のパワーを感じることができれば、どんな怖れや不安も絶対になんとかできる。

このパワーは、本当にいいことを引き起こさずにはおかない強力なパワーなのだ。

6

足を引っぱる人への対処法

さて、ゆううつの霧も晴れはじめ、ポリアンナ的態度を身につけたあなたは、以前よりずっとラクに生きられるようになった。

ところが――。みつけたばかりのポジティブな考え方を実践し、待ちに待ったあこがれの変身をとげようとしはじめたとたん、周りの人たちの態度がおかしいことに気づく。家でも外でも、あなたの人生にとって大事な人たちの中に、あなたの変化を快く思っていない人がいるらしいのだ。いったいこれはどういうことか?

じつは周りの人たちは、ある一定のパターンであなたと接することに慣れてしまっている。だからそのやりとりのパターンが壊れると、程度の差はあれ誰もがびっくりしてしまうのだ。しかし、理由がわかっていたとしても、ふつうはとても不安になってしまう。新しい一歩を踏み出す不安に、これまでの人間関係を失うのではないかという不安まで加わるのだから。これではまるで、何より応援団が必要なときに、敵軍に包囲されるようなものだ。

自分が変わると人間関係も変わる

そこでまず、あなたの人生をとりまく人を見てみることにしよう。

①その人たちは、あなたの成長を応援してくれているだろうか、それともあなたの足を引

っぱろうとしているだろうか？
②その人たちと一緒にいると気分がいいだろうか、それとも彼らのネガティブな態度に汚染されるような気がするだろうか？
③その人たちは、今変わりつつある新しいあなたをすばらしいと思ってくれているだろうか、それとも脱皮前の昔ながらのあなたとつきあうほうがいいと思っているだろうか？

この3つの質問の答えが全部後者なら、人とのつきあい方について、そろそろ考え直すべき時期にきている。

あなたが目指しているのは、怖れや不安をコントロールしつつ苦痛からパワーへと進むことだ。そのあなたに忘れないでほしいのは、**力強く意欲的で、励ましてくれる人たちのサポートがあれば、驚くほどのパワーが湧く**、ということだ。

もしかしたら、あなたの周りの人は、行きづまって落ちこんでばかりいる弱いタイプの人かもしれない。でもガッカリすることはない。まずそれに気づくことが、ここから抜け出すカギなのだ。私たちはたいてい、まず自分がグチるのをやめないと、同じようにグチってばかりいるグループに属していることに気づかない。だが、いったん気づけば、あとはひとりでに解決していくものだ。

どうやってって？　簡単なことだ。成長しはじめたあなたは、どんより落ちこんでばかりの人たちと一緒にいたくなくなるのだ。ネガティブな気分は伝染しやすい。ネガティブな人としばらく一緒にいると、うんざりした気分になってしまう。ポジティブな気分も同じように伝染しやすい。ポジティブな人としばらく一緒に過ごすと、なんだか羽根がはえて飛べそうな気がしてくる。

あなたもすぐ見分けがつくようになるはずだ。エネルギーははっきりわかるもの。もっと意識するようになると、ある人がポジティブかネガティブかをすぐに〝感じる〟ようになる。そして、自然とポジティブな人に惹きつけられるようになる。

あなたの周りにどんな人がいるかを見れば、今のあなたの感情レベルがどのあたりにあるかがわかる。まさに、類は友を呼ぶ。あなたが変わりはじめると、自然にこれまでとは違ったタイプの人たちを惹きつけ、また引き寄せられるようになる。

ところで、このことを授業で取りあげると、決まって出るのがこんな質問だ。「それはすばらしいと思いますけど、自分のほうが大きく成長してしまったために合わなくなってしまった昔の友だちとは、どうすればいいんですか？」

生徒の多くが、昔の友だちと縁を切るなんて申し訳なくてできないと感じるのだ。気持ちはわかる。でも正しいとは言えない。

まず第一に、彼らは自分がいなければ昔の友だちはやっていけないと思いこんでいる。これはあまりにもおこがましいし、その友だちを見くびりすぎている。たとえあなたがその友だちの輪から抜けたとしても、彼らはちゃんと別の友だちをみつけるに違いない。グチグチ同盟は永遠に不滅だから、その友だちはいつだって大歓迎されるはずだ。

別の可能性もある。あなたの新しいエネルギーが、その友だちの新たな可能性を呼び覚まし、パワー、行動、そして愛へと向かう旅に一緒に加わることになるかもしれない。もちろん、そうなれば願ったりかなったりだ。

覚えておいてほしいのは、昔からの友だちとの関係が続いても、そこにとどまらず、新たな「サポーター」を手に入れるということだ。

新しい友人をつくろう

サポーターとは、一緒にいるとあなたが自分自身を「すばらしい」と感じられるような人たちのことだ。たとえばあなたがもう一度学校に行きたいとか、新しい仕事に就きたいとか言ったとき、「それはいい。絶対うまくいくよ」とか「大丈夫、あなたにはすごく向いてる。がんばって!」と言ってくれる人。「まさかそんな危ないことする気じゃないよね? 競争がすごく激しいんだってよ。君には絶対無理。今のままで満足できないの?」という反応ではない。もしこういう声が聞こえたら、逆の世界へ向かって駆け出す潮どきだ。

新しい友だちをつくるときは、その中に今のあなたよりもはるかに先を進んでいる人を含めたい。全米で絶賛された*The Aquarian Conspiracy*（『アクエリアン革命』実業之日本社）の中で、著者のマリリン・ファーガソンが言っているように、「荒れ狂う川を渡るには、今までに橋を架けたことのある人、絶望や無気力の淵を越えた経験のある人に一緒にいてもらうといい」のだ。

自分が誰かをよりよい場所に導くのはすばらしい気分だが、誰かに進むべき道を示してもらうのも、ほっとする、いい気分だ。みずから道なき道を切り拓かずにすむなら、人生はより楽しくなるし、もがき苦しまなくてもいい。

ポジティブな人たちは軽やかだ。思いつめないすべを知っている。そんな人たちのそばにいるのは楽しい。だからといって、ポジティブな考え方をする人たちが「いいかげん」だというのではない。たとえば、前の章でも紹介したインサイド・エッジというグループは、ポジティブな考え方をサポートするだけでなく、世界に視野を広げて、この地球をより健全な場所にすることを目指す人たちもサポートしている。

自分よりも大きな何かに心をかたむけているとき、不安はとても小さくなる。自分がもっとずっと大きな全体の一部に感じられ、ひとりぼっちではなく、何かの目的のために生きていることを実感できる。

おだやかな心でいること、自分の中のパワーを実感すること、そしてそのためになんらかのサポーターを得るのはとても大事なことだ。すでにあるグループの人でもいいし、意識的に成長しようと心がけている誰かでもかまわない、ともかく今、この瞬間に、力強い人をあなたの周囲に持つ努力をしよう。これは、何度でも力説したい大切なポイントだ。

素敵な友だちのつくり方

でも、サポーターを得るには何から始めたらいいのだろう?

まずは、最近出会って心から敬意を感じた人を思い浮かべてみよう。そしてその人の連絡先を突きとめよう。連絡先がわかったら、メールでも電話でもいいから、あなたと出会ってとても感銘を受けたので、もっとお知り合いになりたいと単刀直入に伝えよう。それから、ランチかディナーでもご一緒しませんかと誘ってみる。

最初は怖くて死にそうになるはずだ。もうずいぶん昔のことだが、私も初めてこれをやってみたときには、電話をかける手が本当にブルブル震えた。でも驚いたことに、私が最初の友だちに選んだその女性は、私から電話をもらったことに驚きながらも喜んでくれた。当時の私は自尊心のレベルが低かったから、彼女はきっとありとあらゆる言いわけをして私を避けるだろうと思いこんでいた。ところが彼女は、私から電話をもらってワクワクするほどうれしい、と言ったのだ。「ほんとですか?」。私はそう心もとなく答えたのを覚えている。

その後、私たちはとても楽しい夜を過ごし、以来、今日までずっとよい友だち同士でいる。時がたつにつれて、友だちづくりはだんだんラクになって、今や私はすばらしい友だちの輪に囲まれている。

つまり、大事なのは「まず行動する」ということ。家に座ったままひたすら電話が鳴るのを待ちながら、どうして自分はいつもひとりぼっちなのかと悩んでいる人があまりにも多い。そんなことをしていても、むこうからは何もやってこない。とくに、初めのうちは。

だからまず、自分のほうからでかけていって、自分の望むサポーターをつくるのだ! 身がすくむ思いでも、とにかくやってみよう! 何人かには断られるかもしれない。それでもいい。とにかく連絡しつづけるのだ。10人連絡して1人でもいい返事をくれたら、それはすごいことだ。

連絡をもらった相手はみな、たとえあなたの誘いを断ったとしても、あなたが自分に関心を示してくれたことで、ちょっと褒められたようなうれしいような気分になるはずだ。連絡するだけで、あなたは彼らをいい気分にしてあげられるのだ。

でも相手は慎重に選ぶこと。みずからの成長という意味で、あなた自身より数歩先を行っている人を選ぶように心がけてほしい。ときには、いろんな面であなたのほうが相手よりはるかに先を行っていることがわかることもあるが、それはそれで大きな自信になる。自分のことはどうしても過小評価してしまいがちだから。

サポーター候補をみつけるには、自己啓発のクラスやワークショップ、セミナーなどがお勧めだ。そういうところには、すでに自分の成長のために歩きはじめている人がいる。共通点もたくさんあるはずだから、よりオープンに心を開くことができるだろう。

夫婦の関係が変わりはじめたら……

さて、あなたの周りの人のうち、友だちについてはこれで大丈夫だとすると、次の質問はたぶんこうだろう。「パートナーが私の足を引っぱるときはどうすればいいですか?」

これは重大な質問だ。私たちが成長するのをやっきになって押しとどめようとするのは、たいていパートナーだからだ。

彼女、または彼が自分を応援してくれないことに、私たちは驚き、がっかりする。しかし私たちが現状を変えはじめたとき、もっとも失うものが大きいと感じがちなのが、ほかならぬパートナーなのだ。

私たち自身、成長することによって得るもののほうが、失うものよりずっと大きいことに気づくには、往々にして時間がかかる。ましてやパートナーにとって、相手の変化を受け入れることがどれほど難しいことか……。たとえそれが病気から健康へと向かうといった変化でさえも、だ。

その端的な例をふたつ紹介しよう。

ドリスは私の最初の生徒のひとりだ。ロングアイランドのガーデン・シティに住んでいたが、18年もの間、恐怖のあまり町の外に足を踏み出したことがなかった。とくに私の授業に出るようになる前の数年は、家からもほとんど出ないような状態だった。

そう、彼女は広場恐怖症だったのだ。私の授業は恐怖症とは関係なく、日常的な不安に対処するためのものだったが、何かが彼女を惹きつけたらしい。彼女の夫テッドは、授業のたびにはるばるニューヨークの教室まで彼女を車でつれてきて、授業が終わるのを階下でじっと待っていた。

教室でのドリスは、自分が発言する番がくると、苦痛がありありと顔に表れた。恐怖のあまり今にもパニックの発作を起こしそうなほどだった。

そんなドリスに、私は「逆説的志向」と呼ばれるテクニックを使ってみた。つまり彼女が怖れているまさにそのことを、あえてやってみるようにけしかけたのだ。一般に、何かに対していやだいやだと逆らえば逆らうほど、それはいよいよしつこくその人の中に居座りつづける。だから彼女に、我慢なんかしないでいい、パニックによる発作とはどういうものか、この際私たちに見せてほしいと言ったのだ。

するとと思ったとおり、いくら発作を起こそうとしてもまるっきり起きなかった。しまいには彼女も笑いだしてしまった。もちろん私たち全員も笑った。その瞬間から、彼女は健康を取り戻しはじめた。与えられた宿題をすべてきちんと熱心にこなし、ごく短い期間に車を運転できるようになり、買い物に行き、なんと地下鉄にまで乗れるようになった。クラスメートも私も、その変化を目のあたりにして驚いた。

ところがある日、彼女はちょっと困惑した様子でこう言った。「私がよくなればなるほど、主人が邪魔しようとするのに気づいたんです。私が家を出るたびに、いろんな恐ろしいことを言って不安がらせようとするし、外から帰って、今日はこんなことができたよって大喜びで報告しても、ロクに聞いてくれない。すごく冷たい態度をとるんです。もう腹が立って。いったいどうしちゃったのかしら？　主人はどうしてあんなふうになったんでしょう？」

人との関わり方のパターンを劇的に変えたことのある私たちにとって、その答えは明らかだった。

テッドがそんなふうになったのには、いくつかの理由が考えられる。

まず、彼は妻が変わっていくことにおびえていた。以前は、家に帰ればいつでも妻が待っていてくれた。女房は外で何をしてるんだろうと心配する必要など少しもなかった。妻の恐怖症のせいで生活はとても制限されていたものの、そこには同時にとてつもない安心感があった。

第二に、彼がそんな行動をとるのは、本当に彼女のことが心配だったからでもあるだろう。何年もの間、妻はまさにカゴの鳥だった。家の中に閉じこもっているかぎりはさしたる不安もなかったが、今や彼女は表に出て、ニューヨークの街中を歩きまわっている。妻が危険な目にあったらどうしようと、彼は恐怖にかられたに違いない。私たちが初めてひとりで道を渡る子どもを心配するのと同じように、彼は、さまざまな意味で初めてひとりで道を渡るも同然の、彼の「子ども」が心配でならなかったのだ。

最後に、彼女がひとり立ちしてしまうことが、彼には不安だった。長年、妻は心底夫を頼りきり、彼なしでは何もできなかった。でも今や妻はひとりで立派にやっている。自分の助けが必要ではなくなっても、彼女は自分と一緒にいつづけたいと思うだろうか？

これらすべてが脳裏をよぎっていたとすれば、彼がドリスの成長を素直に喜び、応援できなかったとしても無理はない。

ドリスは、クラスでテッドの気持ちについて話しあううちに、サポートを必要としているのは自分よりもむしろ彼のほうなのだと気づきはじめた。そして、彼に怒りを感じていたせいで、なかなか手を差しのべることができなかったことも認めた。彼女にしてみれば「思いっきり横っ面を張り飛ばしてやりたいと思っているときに、相手を励ますことなんてできますか?」というわけだ。

すぐにというわけにはいかなかったが、それでもドリスとテッドはなんとかこの変化を乗りきった。前よりもずっと健全な関係を築きあげられたことは、ふたりにとって何よりだった。

このケースのポイントは、どんなことがあってもあのみじめな引きこもり状態には絶対に戻らない、とドリスがかたく決意していたことだった。もしそれで夫を失うことになるならそれでもかまわない。何年間も苦しみ抜いた彼女は、自分はもっといきいきと生きる権利があると思った。だからテッドがいくら彼女をコントロールしようとしても、効果はなかったのだ。自分のほうが折れて相手に合わせないかぎり、妻を失うのは明らかだった。幸い自負心の強いテッドは、怖れを打ち負かすことができた。そして結局は誰よりもドリスを力強くサポートする夫になった。

ローナの場合も似たりよったりだ。

今でこそ目が覚めるように美しく、ファッション誌から抜け出てきたかのようなローナだが、3年前は体重が110キロ以上あり、彼女の主治医は、減量しないといずれたいへんな病気になると警告していた。彼女はそこから一念発起し、信じられないほどの意志力でダイエットを成功させ、今にいたるまでリバウンドもせずスリムな体型を保っている。スリムになった彼女は、まるで別人のようだった。

ドリスたちと同じように、ローナと夫のビルとの関係もさまざまな曲折を経た。今や自分の妻がどこへ行っても男性の目を惹かずにはおかない美女だと知ったビルは、彼女が他の男と遊んでいると言っては責め、セックスを拒み、わざと太りそうな食べ物を買ってきたりした。ほかにもあの手この手で、新たに登場したこの美しい妻をさりげなく傷つけようとしたのだった。

だが元来は優しい人間であるビルは、妻が健康になったという事実に自分がおびえていることに気づいて愕然《がくぜん》とした。そして自分の不安が、自分自身とローナをどれほど傷つけているかを知って、専門家の助けをあおいだ。おかげで今、ふたりの結婚生活は順風満帆だ。

ピリオドを打つべきときもある

残念ながら、カップルというカップルがみな、ドリスやローナのように健全な関係を築けるわけではない。ふたりの間にあった不文律が変化することで、ときには関係に終止符が打たれることもある。

これまでの関係がこわれかねないと思うとゾッとするかもしれないが、実際には、パートナーとの関係よりも自分が成長する道を選んで後悔した人はひとりも見たことがない。

今度は、そんな例をふたつ紹介しよう。

それまでのリチャードは、石橋を叩いて渡る人生を送ってきた。会計士として2週間ごとにきちんと給料をもらい、妻とふたりの子どもたちを立派に養ってきた。

ところが30代も後半になって、今まで経験した以上の何かを人生に追い求めたくなってきた。ちょうど仕事で面倒をみてきた会社のひとつが売りに出された。コンピュータ関連の小さな会社だったが将来性は大いにある。リチャードは思いきって、なんとか資金を工面してその会社を買いたいと妻に話した。だが彼女はまったく聞く耳を持たなかった。一家の安定した生活が脅かされると思ったからだ。夫には会社経営なんか無理、妻がそう思っているのは明らかだった。

それでもリチャードは、自分の精神衛生のためにともかくやってみずにはいられなかった。失敗するかもしれないが、このチャンスに賭けなければ、やりたくもない仕事をして残りの人生を無駄にしてしまいそうな気がした。

結局、妻の反対を押しきり、なんとか資金を調達してその会社を買った。

だが騒動の間に、家庭生活は劇的に変わってしまった。一からビジネスを興そうとすれば、とくに初めのうちはとても時間をとられる。妻の口から出るのは恨みつらみばかり。サポートはおろか、励ましのひとことすらなかった。リチャードは、もう子どもたちも手がかからない年なのだから、きみにも仕事に関わってほしいと頼んだが、妻はそれもはねつけた。

家庭は戦場さながらになった。朝、家を出るとほっとし、夜帰宅するとげっそり落ちこんでいる自分に気づいたとき、リチャードは結婚生活にピリオドを打つことを決めた。

今にいたるまで、妻は彼が自分勝手で思いやりがないと決めつけている。だがそれは単に彼が、彼女の決めたルールに従って行動しなかったというだけのこと。離婚後、リチャードはビジネスで驚くべき成功をおさめた。

彼は成長したが、妻は彼と一緒に成長できなかった。「もし目の前のチャンスをつかまえていなかったら、今もまだあんな生活を続けていたと思うと背筋が寒くなる」とリチャードは言う。彼は自分がすばらしい方向に劇的に変化したと感じている。それによって結婚生活が破綻したとしても。

現在、リチャードは再婚している。今の妻は彼の成長を励ましてくれるし、彼も妻の成長を後押ししている。ふたりは一緒に成長しつづけている。

シーラもまた、問題のある結婚生活より自分が成長することのほうを選んだひとりだ。彼女はとても若くして結婚し、4年で2人の娘を生んだ。しかし間もなく、もやもやとした不満がくすぶりだした。そこで夫のロジャーの協力もあって大学に復学し、卒業を目指すことにした。最初は5年ものブランクのあとでは無理ではないかと不安だったが、やってみると成績はクラスで1番、なんと優等賞をもらって卒業することができた。これに勢いづいたシーラは修士号、さらには博士号まで取得した。

彼女が学生でいる間、ロジャーとの仲はうまくいっていた。彼は自分の「かわいい生徒」が自慢で、子どもたちの面倒も本当によくみてくれた。だが、何年もかけてようやく彼女が博士号の学位を壁に飾るころになると、変化が生じた。今や彼女は彼の「かわいい生徒」ではなく、高い学位を持った立派なプロだ。彼の持っている修士号よりさらに高いところに登ってしまったのだ。

このころから、夫はシーラをけなしはじめた。夫婦の会話は減り、ロジャーの帰宅は遅くなった。そして浮気をした。相手の女性は大学へなど足を踏み入れたこともない女性だった。ロジャーは、シーラが人間として大きく成長したという事実を受け入れることができなかった。そして、シーラはついに彼と別れた。別れた当初はとてもつらかった。当然だ。12年もの間夫婦だったのだから。だが、徐々に自分の可能性を見出し、それに喜びを感じるようになった。学校に戻ろうと決心したこと、それによって豊かなキャリアを築いたことを後悔したことは一度もない。

彼女の娘たちも、最初こそショックを受けたものの、今では母親を誇らしく思っている。娘たちにとって彼女は最高のロールモデルだ。シーラは別の男性と再婚した。新しい夫は「世の中に出て」成功しているシーラを心から尊敬している。彼女がはつらつとしているので家庭はいつも明るく、才気煥発で面白い彼女を彼は深く愛している。

あなたとパートナーとの関係を簡単に判断することなどできないし、みずから進んで波風を立てるのには恐ろしいほど勇気がいることもわかっている。たしかにリスクは大きい。だが、場合によってはそれに賭けてみる価値がある。パートナーにショックを与えたくないというだけの理由で、行きづまったまま立ち往生する道を選べば、自分が成長するチャンスを失ったことを恨みがちになる。結局パートナーとの仲がぎくしゃくしはじめ、どっちにしろ別れることになる例もめずらしくない。

私のアドバイスはこうだ。

あなたのパートナーは、「何よりもあなたにとってよいことを望んでくれている。そしてポジティブに変わるあなたを結局は愛してくれる」と信じよう。

おそらくあなたのパートナーは、あなたが新たに身につけたパワーにほっとするはずだ。そのおかげで自分の肩の荷が少し軽くなるのだから。たいていの人は、身近な人が困り果てていたり、弱々しかったり、頼りなかったりするよりも、強く健康で愛に満ちていることを望んでいる。

子どもや親もすぐには〝変化〟を望まない

私たちが自分の可能性に目覚め、いきいきとすることに戸惑いを覚えるのは、パートナーばかりではない。家族の他のメンバーも同じだ。

子どもたちはすねるかもしれないし、親たちはあなたを手厳しく批判するかもしれない。彼らも、今までの関係に慣れっこになっているから、変化には抵抗を感じてしまうのだ。

中でも子どもたちは、親を操る達人だ。信じられないかもしれないが、ときには親が子どもに罪悪感を感じがちなところにつけこんだりする。

私たちの親もまた独特なスタイルで責めてくる。ふつう、親からの批判は一見「優しく」、はっきりそれとわからないことも多い。

「ねえ○○ちゃん、ほんとにあなたにそれできるの？ 自力で何かするのはずっと苦手だったじゃない？」。「ねえ○○ちゃん、離婚なんて考え直したほうがいいんじゃないの？ 30歳過ぎた女にもらい手なんかないわよ。ましてや子どもが2人もいるんじゃ」。「最近の○○ちゃん、自分勝手ね。なんだか人が違っちゃったみたい」……。

こんなふうに言いながら、当の親は、わが子の自信を傷つけているとは露ほども思っていない。だからその点を指摘すれば、たいてい非難もやむ。

以前、私は母に「お母さんは私のことを全然信用してくれていない」と言ったことがある。私のすることを四六時中心配してばかりいたからだ。すると母は、「そんなバカなことがありますか。だってあなたくらい賢くてよくできた女性はいないもの」と言った。私は答えた。「もしそれがほんとなら、お母さんが私のことを心配ばかりしてるのはおかしいじゃないの」。母は驚いたようだった。そのとき初めて、私に対する接し方が、私が2歳だったころとまったく変わらず、現状に即していないことに気づいたのだ。

そしてこのときの会話から奇跡が起きた。母は誰よりも私に自信を持たせてくれるひとりに変身したのだ。「大丈夫、あなたにならできる。あなたがやりたいって決めたんなら、なんだってできるわ！」。本当にこんなふうに言葉をかけてくれるようになったのだ。

中には、どんなことでも常に励ましてくれる家族に恵まれている人もいるだろう。だが、誰もがそううまくいくとはかぎらない。家族は往々にしてあなたを独占したがり、そのためにありとあらゆることをしてあなたを操ろうとする。だからこそ、家族にとってもあなたにとっても、プラスになる状況を築くテクニックを身につけることが大事なのだ。

言うのは簡単だが、これがなかなか難しい。たとえ身近な人たちがバカげた言動をしなくても、まず自分の行動様式を変えるだけでたいへんなのだから。

ここでまた私の経験をお話ししたい。

私が大学に戻ったとき、周りの誰もが驚き、うろたえた。母、当時の夫、子どもたち、友だち……。母は私がどうして子どもたちを「置いてきぼりに」できるのかが理解できなかった。夫は、私が彼と一緒ではない人生を築くという事実に憤慨した。子どもたちは、私がそばにいて彼らの世話をしてくれないと言って、私にうしろめたさを感じさせようとした。友だちは、当時は全員主婦だったが、なんと全員が母、夫、子どもたちの肩を持った。

誰もが通る「振り子シンドローム」

このことで、私は自分の決断に不安をいだいた。いや、不安なんて表現ではとても言いたりない。私は自分を苦しませる人には誰にでも、すさまじい勢いで食ってかかるようになった。当時の私は、なぜ周りのみんなが当惑しているのか、どうして私の望むような反応をしてくれないのかを理解できるほど成長していなかった。とにかく感じの悪い最悪の人間だった。

しょっちゅう不愉快な態度をとってばかりいたそのころの私は、のちに「振り子シンドローム」と名づけた症状を呈していたのだった。次ページの図を見てほしい。

健全な自己主張をしようと懸命に努力しはじめると、最初のうちは誰でも思わず行きすぎてしまう。「消極的な状態」と「攻撃的な状態」の間を何度も揺れ動いたあと、ようやく「健全な状態」に落ち着くことができるのだ。揺れ動くこの状態をもっと正確に言えば、「消極的な状態から不愉快な状態を経て健全な状態にいたるシンドローム」とでもなるだろうか。

不愉快な状態にあるとき、人はたとえばこんな言葉を使うようになる。ここにあげるのは「振り子シンドローム」の激痛に苦しんでいる最中、私自身が吐き散らした言葉を少しばかりマイルドにしたものだ。

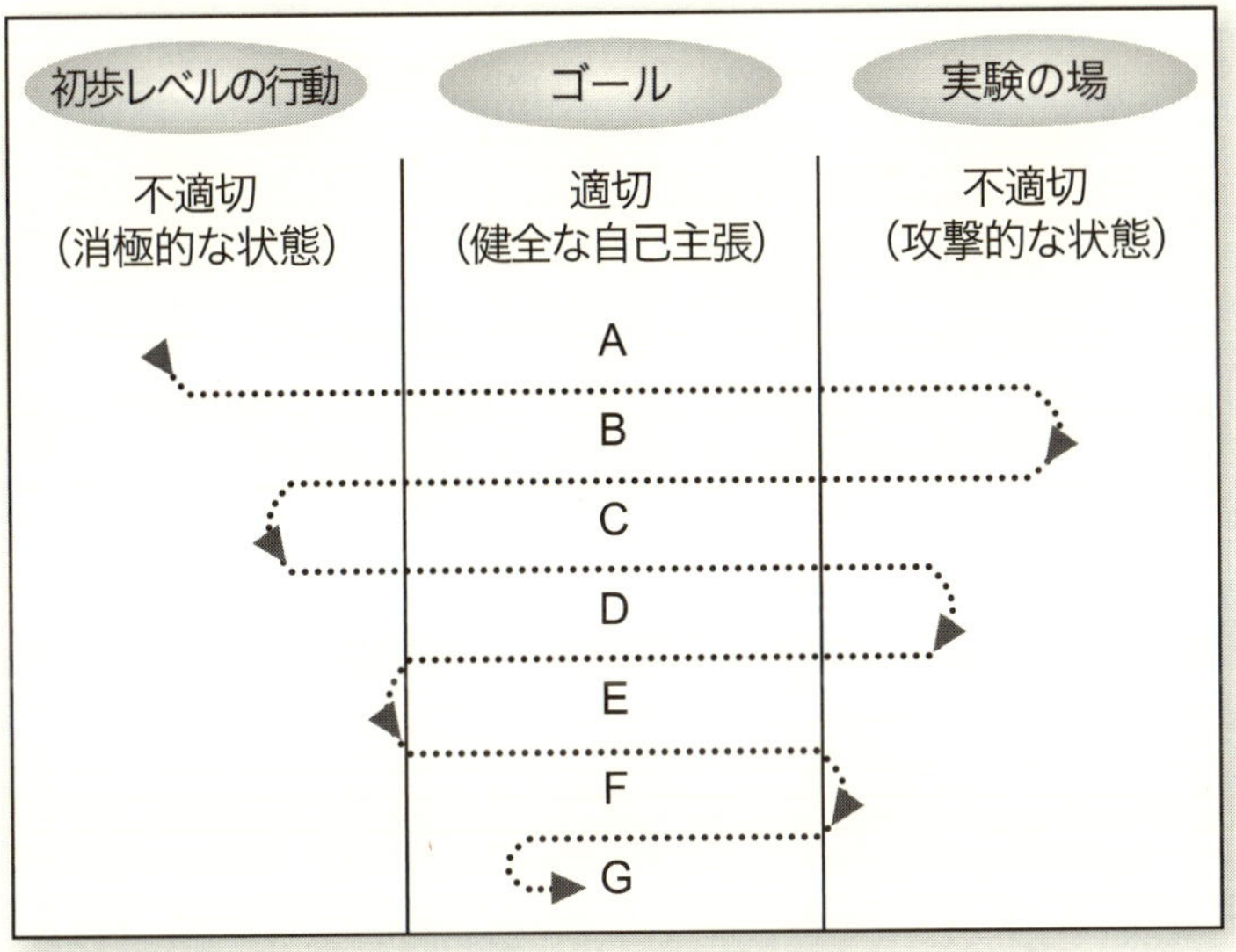

「よくもそんなこと言えたもんね！」
「あなたがどう思おうと関係ない。私がいいと思うようにする！」
「あんたなんかいてくれなくていい。いてほしいと思ったこともない！」
「私が自分勝手？　そう言うあなたこそどうなの？」

ほとんどの人は、こんな暴言を吐き散らす自分がきらいだと言う。それでもどういうわけか、かつての消極的な「いくじなし」のままでいるよりは、こんなふうに暴言を吐いたほうがずっと気分がいい。じつは、私たちがこうした変化のプロセスをたどるのは無理もないこと。まだ自分に自信を持ちきれていないから、全力を挙げて自分を守ろうとしているのだ。

「攻撃的な状態」へ振り子が揺れる症状は、なんとか「消極的な状態」に戻るまいとして、新しい行動様式に必死にしがみついているときに現れる。でもときどき怖くなって、振り子はまたおなじみの安全な場所へ戻ってしまう。こうしてまさに振り子のように行きつ戻りつしながら、私たちは新たに「健全な自己主張」の言葉を身につけていくのだ。

適切なレベルに落ち着くまでは、「消極的な状態」と「攻撃的な状態」の間を何度もくりかえし往復する。最終的には、自分の言いたいことや、世の中でやらなければならないことをもっと楽に表現できるようになり、適切なレベルに落ち着くことができるが、最初のうちは誰でも「振り子シンドローム」に陥る。そのせいで自分自身ばかりでなく、周りの人も混乱したり不快になったりするのは、やむを得ないことなのだ。

そういうわけで、私たちはしょっちゅう適切とは言いがたい行動をしてしまうが、そんなときにも、けっして自分を叱ったりしないことが大事だ。私たち大人は、子どもが社会とどう関わればいいかを試行錯誤しているときは大目に見るのに、自分が同じプロセスを試そうとするとおかしなことに急に手厳しくなる。実際は、私たちは死ぬまで新しい行動のステップを恐る恐る試しつづける。四苦八苦しながらいろいろ試みた末、ようやく正しいやり方が身につくのだ。

その際、成功のカギとなるのはここでも「意識すること」だ。あなたがリスクをおかして成長しはじめると、ほぼ間違いなく周りの人たちの抵抗にあう。そのことを心しておこう。パートナーが抵抗しなくても、親が、子どもたちが、あるいは友だちが必ず抵抗する。あなたがボートを揺らしはじめると、必ず座れという人が出てくるのだ。

ショックを受けることも、驚くことも、ひとりよがりになることもない。周りの人たちはそれぞれ自分なりに、みずからの身の安全を守ろうとしているだけだ。まさか自分があなたを妨害しているとは思ってもいないことが多い。あなたに対する忠告や意見を、彼らはひとえに「あなたのためを思って」なのだと思いこんでいる。だから何が起きているのかを、あなたがちゃんと把握するしかない。

それから、誰かがあなたを助けてくれようとしたときは、感謝の気持ちを示すのも忘れないでほしい。あなたの成長に手を貸してくれる人は、幸せな気分にしてあげよう。心をこめて感謝の言葉を記したメッセージを送ったり、お花を贈ったり、なんでもいいからその人がうれしくなるようなお礼をしよう。こうすることで、彼らはもっとあなたの望むような反応をしてくれるようになるだろうし、あなた自身も、人々の否定的な態度ではなく協力的な態度のほうに心を向けられるようになるはずだ。

お互いにプラスになる会話法

ではここで、周りの人に否定的な態度をやめてもらえるような、互いにプラスになる会話法を紹介しよう。これを身につければ、大切な人たちを傷つけずにつきあっていける。

たとえば——。

①母親が「あなたひとりじゃ絶対やっていけないわ」と言ったとき。

✤お互いにとってマイナスな対応「ほっといてくれよ！　オレのやりたいようにやるんだから」

✤お互いにとってプラスな対応「心配してくれてありがとう。でもオレすごく自信があるんだ。何があっても、必ず自分でなんとかする。母さんもオレを信じて。母さんが応援してくれたら、すごく勇気が湧くから」

後者のように答えれば、あなたが自分に自信があること、そして母親にどうしてほしいのかがちゃんとわかる（もし本当はひとりでやっていけるかどうか確信がなくても、あるかのように言おう）。

②夫が「いったいどうしたっていうんだ。仕事を始めてから、すごく自分勝手になって。そんなふうでいいと思ってるのか？」と言ったとき。

✤お互いにとってマイナスな対応「私が自分勝手だって言うの？　これまでずっと好き放題やってきたのはどっちよ？　今度は私の番よ」

✤お互いにとってプラスな対応「自分勝手だと思うのはわかるわ。今まではどあなたの用事をしてあげられなくなったからね。私も生活が変わってたいへん。でも自分の成長のためにはどうしてもこうしなきゃならないの。もしここでやめたら、自分のこともあなたのこともすごく恨むようになると思う。あなたにはほんとに応援してほしい。ちょっと無視されてるみたいに感じてる？　それも無理ないけど、私があなたをすごく愛してるってことはわかってね。ねぇ、どうすれば私たちもっとよくなると思う？」

③子どもたちが「もうボクたちのことなんてどうでもいいんだ」と言ったとき。

✤お互いにとってマイナスな対応「あなたたちには感謝の気持ちってものがないの？　あなたたちが生まれてこのかた、ママはずっと奴隷のようにつくしてきたじゃない。それなのに、やっとやりたいことをやろうとしたら文句を言うなんて！」

✤お互いにとってプラスな対応「なんだか前とは違うなって感じてもあたりまえだね、前みたいにいつも一緒にいてあげられないんだから。でも何時間か私がいなくても、絶対みんなでなんとかできるって信じてる。親だって人間なの。人間にとって働くってことは、心を落ち着かせるのにとても大事なことなのよ」

攻撃的にならずに自分の立場を守る会話術については、テリー・ドブソンとヴィクター・ミラーの書いた*Aikido In Everyday Life*というすばらしい本がある。この本は「最高の勝利は、関係する誰もが全員勝ちをおさめること」を前提に、おだやかな勝利にいたる道を、多くの会話例とともに示している。

このほかにも、自分の重心を保つテクニックを自分なりに学ぶことをお勧めしたい。そうすれば、感情がどちらかに極端に振れたときも、調和とバランスのとれた状態に戻れる。前の章で紹介したリラクセーションのオーディオや瞑想、ポジティブになるためのメッセージなども、気持ちをおだやかにするのに効果的だ。後の章では、自分をコントロールするためのほかのツールも紹介しよう。ともあれこうした方法で、あなたは人を傷つけることなく、自分のやりたいことができるようになるはずだ。

「子どもの関係」から「大人の関係」へ

応援されないことに強烈な敵意を感じてしまうのは、その人に「自分をどうしても認めてもらいたい」と思っているからにほかならない。ここさえわかれば、自分の感情を理解するのは簡単だ。愛する人に言われたことに傷ついたりショックを受けるのは、自分がまだ子どものような反応をしている証拠なのだ。

罪の意識もヒントになる。罪の意識や敵意は、往々にして自分や他人に対して怒りを感じていることの裏返しであることが多い。たとえば愛する人との関係が決して健全とは言えないのに、それを断ちきれない自分に怒りを感じているという具合。「振り子シンドローム」で誰かに食ってかかる症状が出るのは、この不健全な愛情のせいだ。

成長するためには何が必要かを、成熟した大人としてはっきり理解できるようになると、愛する誰かが何を言ったとしても、あなたはまったく動じなくなる。ただその人を抱きしめて「あなたが大好き、でも私は自分の人生を生きなきゃならない」と言うだけだ。ぐちったり嘆いたりすることもない。ひどいことをされたとヒステリーを起こすこともない。

これを裏返せば、どこで「人に認められたい」と感じるかによって、あなたが成長しなければならない部分がわかる。気持ちの中の幼児的な役割を脱ぎ捨てて、大人の役割に一歩足を踏み入れられるのだ。難しいことではあるが、子どもっぽい人間関係の代わりに、責任ある大人同士の人間関係を築ければ、よりおだやかに、愛情を持って人とつきあえるようになる。矛盾しているようだが、本当にそうなのだ。つまり、**誰かに認めてもらいたいと思わなくなればなるほど、人はもっと人を愛せるようになる。**

しばらくは、自分の周りの人たちを「練習台」だと思おう。その人たちにあなたがどんな態度をとっているかを見れば、自分の中で何を改善し、伸ばしていくべきかがわかる。大人にはふさわしくない態度を改め、より責任ある態度を伸ばしていくのだ。愛する誰かにいやな思いをさせられたときも、首でも締めてやろうかと鼻息を荒くする代わりに、この人は鏡で、自分のどこがまだ成長したりないのかを見せてくれている、と思えばいい。

もし、愛する人がなぜあなたにひどい仕打ちをするのかがどうしてもわからないなら、自分がもっと大人らしい行動ができるようになるまで、思いきって距離を置いてみてはどうだろう。

シャルロッテという生徒の父親は、いつも彼女に向かって「おまえという人間は、何をやってもまるっきり使いものにならない」と頭ごなしに言いつづけていた。ほのめかすなんてものではない、遠慮のカケラもなかった。それでもシャルロッテは、とうとう彼にこう言えるまでに成長した。

「お父さんのことは好きだけど、私に少しは敬意を持ってくれるようになるまで会わないことにする。今の私には、私を温かく見守って応援してくれる人が必要なの。でも今のお父さんにそういうことを期待するのは無理だから」

そして、彼女は本当に父親と距離を置いた。接触はごくたまに休日に電話をかける程度、たとえまたひどいことを言われても耐えられるだけ自分が強くなったと感じるまで、連絡を絶ったのだ。

親との長年のきずなを断ち切るのは、たやすいことではない。今まで両者をつないでいた古いドアが閉まり、新しいドアが開くまでの間、たいていは嘆き悲しみつづけることになる。しかし新しいステージが始まれば、これまでにはないほど幸せな関係が築けるのも確かだ。シャルロッテ自身も驚いたことに、彼女は父親とのきずなを取り戻した。彼はもう彼女をこきおろしたりしなくなった。

父親の目から見れば、成長を遂げる前のシャルロッテは、本当に役立たずにしか見えなかったのだろう。だが彼女が変わったことで、彼の態度も変わった。心の内に強さを持った人は、たいてい尊敬される。自分が成長すれば、それに見合った反応が返ってくるのだ。つまり、私たちが人から受ける反応は、結局は自分から発したものにすぎない。

あなたにとって何よりも大事なのは、**常に自分自身の親友であれ**、ということ。たとえどんなことをしてしまっても、自分を責めたり、けなしたりしてはいけない。

時間はかかるかもしれないが、いつか必ず自分の心に通じる道がみつかる。その道こそ、あなたがたどるべき道だ。

いつか愛する人があなたを理解し、尊敬するようになり、驚く日がくるかもしれない。たとえそうならなくても、新たに身につけた強さによって、あなたはそれまでの健全とはいえないきずなを断ち切り、すこやかで安定した新しいきずなを結べるだろう。

7

「必ず成功する」考え方

何かを始めようというとき、何よりも私たちを立ちすくませるのが、決断の難しさ、そしてそのときに生じる怖れや不安だ。かつて、生徒のひとりがこう嘆いたことがある。「ときどき、寓話に出てくるロバになったみたいな気がするんです。ふたつの干し草の山の真ん中に立って、どっちを食べるか決められないまま、とうとう飢え死にしたっていうあのロバです」

この寓話は、選ばないことによって、結局は飢えることを選んでいるという皮肉を見事に描いている。おいしいごちそうが目の前にあるのに、結果的に自分でそれを食べないことに決めたロバ……。

わざわざ、うまくいかないようにしていないか？

私たちは、「気をつけなさい！　間違った答えを選んじゃいけないよ！」と教えこまれて育ってきた。間違った答え、この言葉を聞いただけで胸がドキドキしてくる。間違ったせいで、お金、友だち、地位、その他もろもろ正解していれば手に入っていたはずのものを失うのが怖いのだ。

ミスをおかしたときパニックに陥ってしまうのも、このことと深く関係している。私たちはどういうわけか「完璧でなければならない」と思いこんでいて、失敗から学ぶことを忘れてしまう。この「完璧でなければならない」という思いと、自分でものごとをコントロールしなければならないという思いがあいまって、何かを変えたり挑戦しようとするだけで、足がすくんでしまう。

「それはまさに私だ」と思ったあなた、あなたがいかに無用な怖れや不安をかかえているかをこれから明らかにしよう。どんな決断をしても、どんな行動をとっても、本当は失うものなどひとつもない。あるのは得るものばかり。なぜか？　前にも言ったとおり「世界を変えたいなら、世界に対する考え方を変えればいい」からだ。間違った判断をしたりミスをするのが「不可能」になるように、考え方のほうを変えてしまうのだ。

仮に、今あなたが「何か決断をくださなければならない」としよう。あなたが私たちの大半と同じなら、そんなとき「どちらにしてもうまくいかない」モデルを想定するように教わってきたはずだ。たとえばこんなふうに——。

これから決断しなければならないあなたは気が重い。生きるか死ぬかの決断をした結果がどうなるか……、そう思うだけで身がすくむ。いよいよどちらかを選びとる瀬戸際になっても、あなたはくよくよ思い悩み、ぐちをこぼす。「こっちにすべきか、あっちにしておくべきか？　こっちにいってあんなことが起きたらどうしよう？　思ったとおりにいかなかった

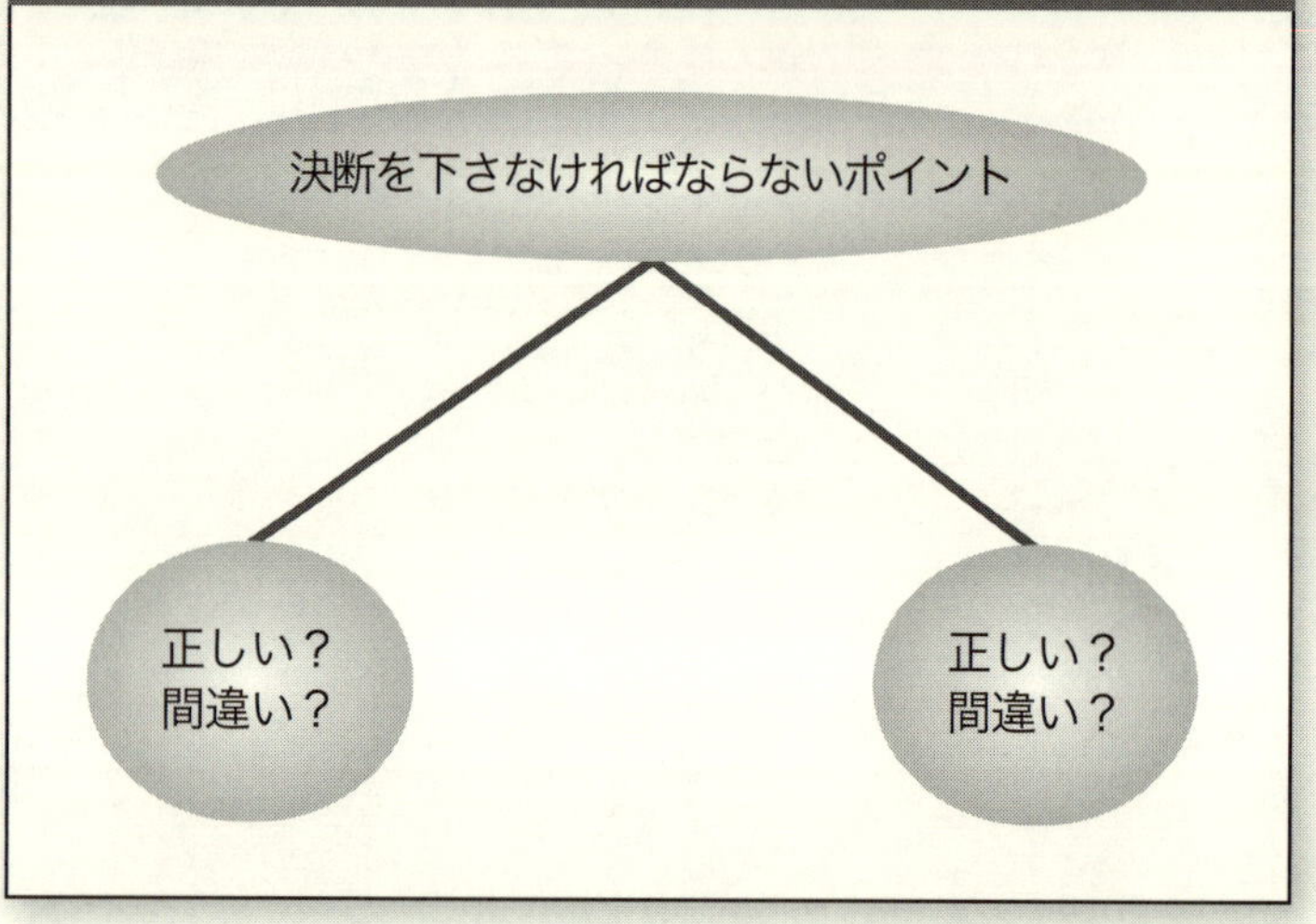

「どちらにしてもうまくいかない」モデル

らどうしよう?　もしああだったら、こうだったら……」

「ああだったら、こうだったら」が、頭の中になだれのように押しよせてくる。心のささやき声にせっせと攻撃をしかけられたあなたは、自分にはわかりようもないことをあれこれ考えては、未来を占おうとする。そして、自分の手の届く範囲を超えた力をコントロールしようとする。「ああ、どちらも不可能だ!」。ここにいたって、あなたは自分が気も狂わんばかりに追いつめられていることに気づく。

さらに、決断をくだしたあとも、「どちらにしてもうまくいかない」モデル（上の図参照）のせいで、心は安まらない。あなたは自分の決断が間違っていませんようにと祈りな

「必ず成功する」モデル

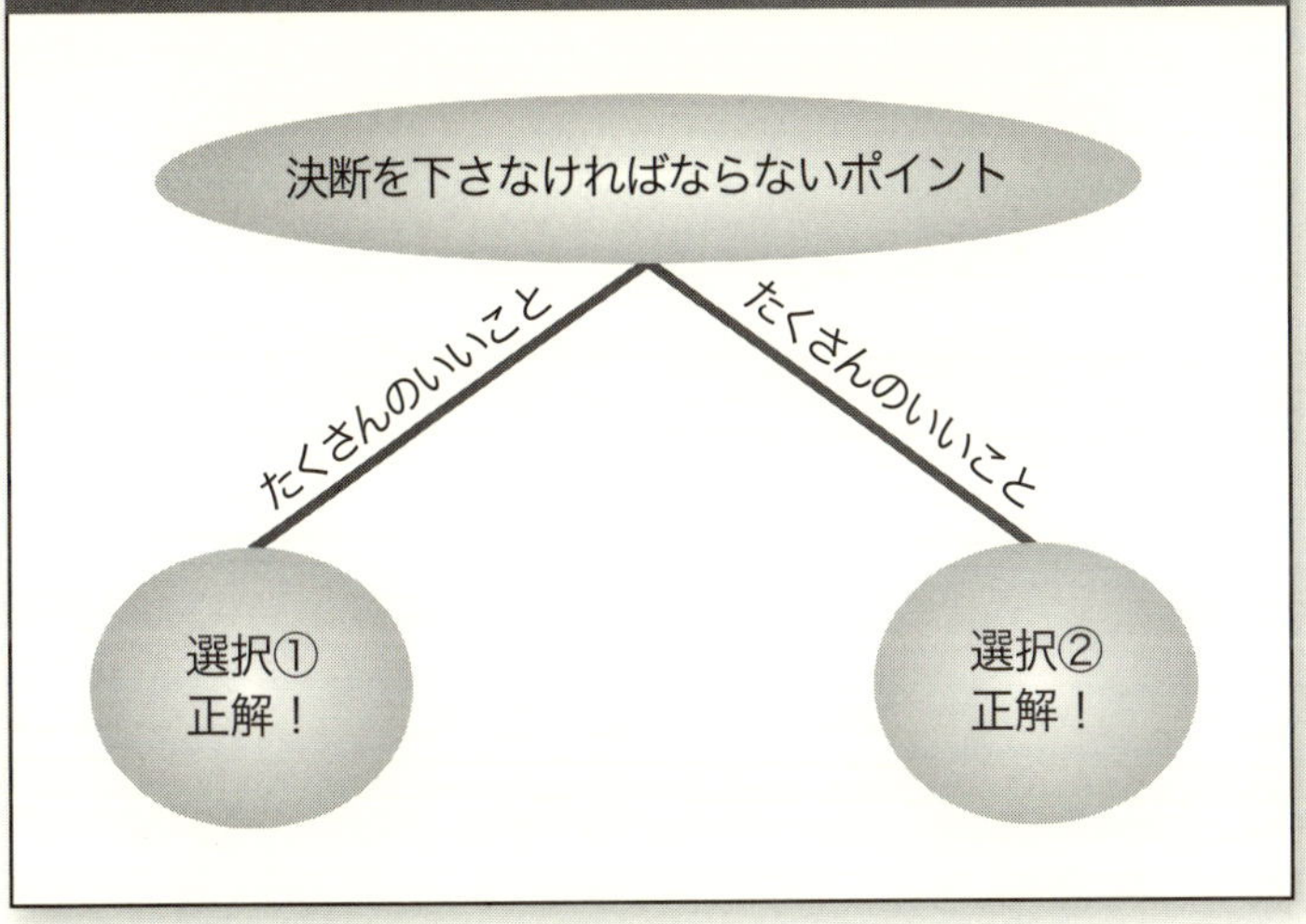

がら、イライラと状況を見直す。そして過去を振り返っては「もしああしていれば、こうしていれば……」と自分をなじり、貴重なエネルギーを浪費し、わざわざみじめな気分になっている。

もし結果が期待どおりに出れば、しばらくはほっと一息できる。だが、それも長くは続かない。ほっとした次の瞬間、「でも、もしかしたら状況が逆転して、結局間違いだったとわかるかも……」という恐怖が忍びよってくるからだ。あなたはもう、次にすべき決断に戦々恐々としている。

どうだろう。こんなことはおかしいと思わないだろうか？　これでは「どちらにしてもうまくいかない」のは明らかだ。

どちらにしても成功する思考法

でも、別のやり方がある。それが「必ず成功する」モデル（前ページ上の図）だ。

話を戻して、もう一度「決断をくださなければならないポイント」に立ってみよう。今度は、こんな状況だ。

今ある選択肢はふたつ、選択①と選択②だけだ。そしてそのどちらを選んでも、途中に起きるのは「いいこと」ばかり。必ず成功する。

「いいこと」とは、今までやったことのないやり方で人生を経験すること。学び、成長すること。そして本当の自分をみつけ、自分は本当はどうなりたいのか、この人生で何がしたいのかをみつけることだ。どちらの道にもチャンスがいっぱい散りばめられている。たとえ結果がどうなろうと……。

「えっ？　結果がどうなろうと？」。この言葉を聞いてひるんだ人もいるだろう。「もしこうなったらどうしよう……」という不安が、またむくむくと頭をもたげてきたかもしれない。

そこでひとつ例をあげて、あなたの「もしこうなったらどうしよう……」に答えてみよう。

たとえばあなたが、このまま今の仕事を続けるか、それとも誘いにのって転職するか迷っているとしよう。「どちらにしてもうまくいかない」モデルだと、あなたの頭の中は例の「ささやき」でいっぱいになり、頭がおかしくなるだろう。

「このままいたら、いい仕事につく絶好のチャンスを逃してしまうかもしれない。でももし転職して、新しい仕事に向いていなかったらどうしよう。そこをクビになってほかに仕事がみつからなかったら？　今の職場は居心地がいい。でも新しいところに行けば、もっとチャンスがあるかもしれない。昇進するかもしれないし、給料だって増えるかも。でももし、あとで転職しなきゃよかったと思ったら？　たとえば……たとえば……ああっ、もう決められない！　ここでしくじったら一生棒に振ることになってしまう！」

では「必ず成功する」モデルならどうか？　頭の中では怖れを知らないあなた自身の声が鳴り響くはずだ。

「ヘッドハンティングされるなんてすごい！　もしこの話を受ければ、新しい人と知り合えるし、今まで知らなかった仕事をいろいろ覚えられる。全然違う職場環境も味わえるし、経験の幅も広がる。もしうまくいかなくても、きっとなんとかなる。たしかに今は景気が悪いけど、いざとなれば仕事は絶対みつかる。それに、職探しも面白いかもしれない。失業したらどうすればいいかがわかるし、仕事がない間どうすればいいかも学べるだろう。

反対に、今の仕事を続けることにしても後悔しない。職場の仲間ともっとつきあいを深められる。別の仕事に誘ってもらえただけで、うれしいじゃないか。このままいるなら、昇進させてほしいと頼んでもいいかもしれない。それがうまくいかなくても、ほかにもチャンスは絶対ある。どの道を選ぶにしても、結局すべて冒険なんだから」

私は現実にこんなふうに考える人を知っている。彼らの人生へのアプローチのしかたは、はたで見ていても楽しい。そしてそういう人は、実際に「必ず成功する」世界で生きている。

必ず成功する人、その実例

そのひとりがアレックスだ。

今はロサンジェルスで精神科医として開業しているが、もともとは父親の跡を継いで弁護士になるつもりだった。大学の成績が抜群だったので、一流と目されるロースクールへも難なく入学できた。彼はそこで一生懸命勉強し、最初の2年間は優秀な成績をおさめた。

しかし、実家を離れて暮らすうちに、自分の中で人生で大事にすべきことの優先順位が変わってきた。アレックスはこれからの人生をずっと、彼がいうところの「戦闘地域」で生きていくことを望んでいない自分に気づいた。弁護士になれば常に修羅場にいることは避けられない。彼はもっと別の方法で人助けをしたかった。

悩んだ末、アレックスはもっと自分に向いている臨床心理学の道へ進もうと決心した。そのころには、自分が弁護士を目指していたのは、父親を喜ばせたいことが一因だったと気づいていた。彼は、今や自分自身の魂により深くふれられるようになっていた。

父親は彼の決心を承諾したものの、学費はもう出さないと言った。資金援助を失って、夢の実現は一層難しくなったが、彼は自分のやる気に賭け、ロースクールをやめた。

父親をはじめ何人かは、彼のロースクールでの2年間は無駄に終わったと思った。しかしアレックス自身はまったくそうは思わなかった。ロースクールで勉強してみたからこそ、弁護士にはなりたくないという本心がわかったのだ。したくないことがわかるということは、何がしたいかがわかるのと同じくらい大事なことだ。

それに、ロースクールではいい友だちがたくさんできた。彼らとはいまだにつきあいがある。また、この2年間で得た知識のおかげで、個人的にも仕事上でもとても助かっている。

アレックスにとっての「いいこと」はこれだけではない。父親がお金を出してくれなくなったので、彼はそれから2年間、心理学部への入学資金をつくるために働いた。その2年間は無駄ではなかったか？　とんでもない。建築会社で働いたおかげで、彼の人生は二重に豊かになった。それまで知らなかった人生にふれることができたうえ、同僚を通じて出会った女性が、今では彼の妻だ。

その後、奨学金をもらい、ふたつのアルバイトをかけもちしながら、アレックスは心理学の学位を手にした。

この間の経験で、アレックスは〝人生に責任を持つ〟とはどういうことかを身にしみて知ることができた。そういう意味で、すべてがかけがえのない経験だった。本人は気づいていなかっただろうが、息子を自分の足で立つよう仕向けたことで、父親はアレックスにとっていいことをしたのだ。

どうしてもしたいと望めば、必ず道はあることをアレックスは知った。道は必ずある、それならみつけるまでだ。もし奨学金がもらえなければ別の方法を探せばいいと、彼にはわかっていた。だから、パワーとエネルギーを感じつつ、彼は心を躍らせて未来の決断に立ち向かうことができた。

怖れや不安を感じるのは、自分に自信が持てないからだということを思い出してほしい。アレックスが登った階段の一つひとつは、たとえ結果がどうなったとしても、たとえ経済的援助を打ち切られ、学校を卒業するのが遅れたとしても、「願いをかなえるためには心から自分を信頼することが大切」だと学ぶチャンスだったのだ。

誰よりも運のいい人とは？

面白いことに、私が生徒たちに「必ず成功する」モデルを紹介すると、最初は決まって強い拒絶反応を示す。前述したとおり、私たちはネガティブなことイコール現実的、ポジティブなことイコール非現実的だと叩きこまれて育ってきたからだ。

「必ず成功する」モデルを採用すれば、私たちは苦痛の場からパワーの場へと移動できる。そこは、怖れや不安に対処するための究極のゴールだ。そしてもうひとつ大事なことは、「必ず成功する」モデルでものを考えると〝気分がいい〟ということだ。

「必ず成功する」モデルで考えることに反発する理由などない。どうしてわざわざ痛みや身動きのできない絶望感に打ちひしがれつづけるのか？　「どちらにしてもうまくいかない」モデルを使いつづける自分を変えるには、今までとは違った目で世界を見るしかない。そうすれば、たとえゆっくりとではあっても、これまでずっとひどい目にあってきた考え方を改めることができる。

「必ず成功する」モデルを自分のものにするためのポイントは、結果やチャンスに対する考え方にある。たとえば失業したとき、それを「必ず成功する」チャンスだと受けとめるのは難しいかもしれない。ふつう、人生でチャンスと考えられているのは、お金や地位、あるいは目に見える成功につながるものだからだ。

でもあなたには、チャンスというものを、それらとはまったく違った観点から見てもらいたい。真実はこうだ。どうしても不安に対処しなければならない出来事にぶちあたるたびに、あなたの自尊心は飛躍的に高まる。何が起きても自分は大丈夫、そう信じることを学んでいく。そして、怖れも不安も次第にうそのように消えていく。

行く手に何が立ちはだかっても、自分は絶対なんとかできるとわかれば、あなたも必要なリスクをおかして、人生を肯定的に生きることができるようになる。

前にあげた例に話を戻せば、転職を選んで数ヶ月のうちに失業してしまったとしても、向かい風に立ち向かい、内なる力をかき集め、もう一度、おそらくは前よりもさらに満足のいく仕事を探すことによって、あなたはそれを自尊心を高めるチャンスにできるはずだ。その間、あなたは新しい人々に出会い、自分の世界を広げていく。こういう目で見れば、失業だって「必ず成功する」チャンスなのだ。

生徒たちにもよく言うのだが、誰よりも運のいい人というのは、誰もができれば出くわしたくないような出来事——失業とか、愛する人の死とか、離婚、破産、病気などに、やむを得ず立ち向かわざるを得ないはめに陥った人ではないだろうか。一度こんな出来事に遭遇し、それになんとか対処することができたなら、そのあとはずっと強い人間になっているはずだ。

何か大事なものを失い、そんな逆境にもかかわらずなんとか人生を立て直す道をみつけた人は、大きな誇りを感じるようになる。そういうふうにならなかった人など見たことがないと言っていい。彼らは、「安心とは、何かを持っているから得られるのではなく、自分が何かにどうにか対処することで得られる」ということを痛感できるのだ。

たくさんの選択肢に気づく方法

さて次は、目の前のたくさんの選択肢に気づく力を高める方法を紹介しよう。気づく力が高まれば、そのぶん望むこととその結果が一致しやすくなり、安心感も増す。

何か大事な決断をするとき、あるいはしたあとに実践してほしいのは、次のようなステップだ。

✤決断をする前に……

①まずは速やかに「必ず成功する」モデルに意識を集中する。

自分にこう言い聞かせよう。「失敗はあり得ない。決断の結果がどうなるとしても。この世はチャンスだらけだ。どんな道をたどっても、そこには学び、成長するチャンスが待っている。それが楽しみだ」。何を失うかという考えは頭からはねのけ、何が得られるかだけに集中すること。5章で紹介したポジティブな考え方を身につけるエクササイズも実行しよう。

②下調べをする。

目の前にどんな選択肢があるかについて、できるかぎり学ぶ。何より役立つのは、あなたの話に耳を貸してくれる人とどんどん話をすることだ。たとえば親戚に自分が目指す道のプロがいれば、気おくれせず近づいてみよう。まったく相手にしてくれない人もいるかもしれないが、たいていは喜んで相談に乗ってくれるはずだ。そればかりか、あなたにアドバイスを求められたことをうれしく思うだろう。

他の情報源からも意見を集めよう。ディナーパーティ、美容院、病院の待合室、どこでもかまわない。いろんな人に話しかけてみよう。ふだん行かないような場所で出会う人たちは、想像もつかない貴重な人間関係をもたらしてくれるかもしれない。あるいは自分の経験を通じて本質的な何かを見抜き、あなたに何か教えてくれるかもしれない。

人と話をするときには、適切な人を選ぶことが大切だ。適切な人とは、あなたが学び、成長するのをサポートしてくれる人だ。あなたの可能性を否定したりバカにする人は、話を聞くのに向いていない。丁重にお礼を言って別の人をみつけよう。

私のすばらしい師のひとりは、かつてこんな言葉を教えてくれた。**「最初は相手のせい、**

二度目は自分のせい」。この状況に当てはめれば、無神経な人と話をしてしまった場合、悪いのは彼らだ。でも、もしあなたがそのまま彼らにやりこめられてしまったら、今度はあなたのほうが悪い。あなたの決断について、自己嫌悪に陥らせるようなことを言う人たちと話す必要はない。話すべきなのは、「あなたのアイデアはすごくいいと思う」とか「あなたなら絶対うまくいくよ」と励ましてくれる人だ。すばらしい気分になるのは簡単なのに、わざわざみじめな思いをすることはない！

それから、人と話すときはメンツを捨てること。もし構想どおりにいかなかったら、自分が敗者に見られる、などと怖れて話すのをためらったりしないこと。貴重な情報源をみすみす見逃すことになりかねない。そんなときは次の言葉を思い出そう。

「もし成功しなくても私は敗者ではない。ともかく私はやってみた。それだけで勝者なのだ」

私の生徒の中には、スタートでつまずいたら、「あの人は口先ばっかり」と言われるのではないかとか、ちゃんと実行する人と思ってもらえないのではないかと心配する人もいるが、もし全身全霊で前進しようとするなら、スタートでつまずくことなどあり得ない。

初めて本を出版しようとしたときの私がいい例だ。

何年も前、私は自作の詩集を世に出そうとしたことがある。だが出版界のことは何ひとつ知らなかった。そこでどうすれば実現できるか、何人もの人に話を聞くことにした。さらに本を出版したい人のためのセミナーに通い、出版社で働いた経験のある縁もゆかりもない人たちにも電話をかけた（そういう人たちが、たいていは喜んで手を貸してくれることには驚いた）。

そして、20社ほどに原稿を送ってみた。次々に断られたが、それでも「本を出す」という夢はあきらめなかった。たぶん、「無理に決まってるじゃないか」と陰口をたたく人もいたはずだ。

それからしばらくたったある日、仕事仲間で今や親友でもあるエレン・カーとランチをしていて、共著で女性が仕事に就くためのガイドブックを出そうという話になった。当時私たちは、豊かな才能がありながら、断られたり失敗するのを怖がって、最初から就職戦線に加わらない女性が多いことに胸を痛めていた。

このときもまた、知っているかぎりの人にプランを話したが、実現の兆しはいっこうに見えなかった。こうなると、さすがにもう無理じゃないかと思う人も多いだろうが、私たちはあきらめなかった。そしてありとあらゆる人たちと会った。面白くてかけがえのない大勢の人たちだ。

その結果ついに、私たちの計画に手を貸そうと申し出てくれる人が現れた。夢は実現した。本が刷り上がり、私たちの手元に届いたのだ。

物書きとしてのキャリアから見れば、スタートからつまずいてばかりだったと言えるかもしれない。でもそうではない。たとえ最初に思い描いた結果とは違っても、人生のいたるところで、私は物書きとして必要な準備を着々と整えていたのだ。おまけに、断られたときの対処法もしっかり身についた！

誰彼なく話しかけつづけてアイデアを世に出すなんて信じられない、と思う人もいるだろう。でも、人にしゃべることで貴重な情報が得られる。それだけでなく、どうしても実現したい！　というあなたの意志がより明確になる効果もあるのだ。意志の力は、あなたの望みを実現させる強力なツールだ。

③優先順位をはっきりさせる。

これにはちょっと自己分析が必要だ。時間をかけて、いったい自分は人生で何がしたいのかをじっくり考えてみよう。そう言われても、ほとんどの人はこれをみつけるのが苦手だ。小さいころから、人にこうしろと言われたことばかりやってきて、何をすると本当に満ちたりた気持ちになるのか、すっかり自覚がなくなってしまっているからだ。

少しでもラクにみつけるためには、まずは今の時点で、どの道を選べば自分の人生の全体的な目標に近いかを考えるといいだろう。

気をつけなければいけないのは、時の経過とともに人生の目標も常に変わるということ。優先順位は定期的に見直そう。今日決めたことが、5年後も同じとはかぎらない。

全体的な人生目標それ自体がはっきりしなくても、心配はいらない。これから先もっとたくさんの決断をし、さまざまな状況で試行錯誤をするうちに、どう優先順位をつけたらいいかもわかるようになるだろう。少なくとも今、あなたは自分が何者かということを考えはじめた。それを探し求めている間は、混乱しても仕方がない。この混乱を経て初めて、はっきりとした答えがみつかるのだ。

④直感に従え。

自己分析をしても「本当は自分の中にどんな人間が隠れているのか」がわからないでいるとき、体が進むべき道を指し示してくれることも多い。また、いろんな人と話をし、論理的に正しいほうを選択してしまったあと、ほかの思いつきが別の選択をしろと迫ることもある。そんなとき、直感に従うのを怖れてはいけない。潜在意識が、今どんな選択をするのがベストなのかを抜け目なく見抜いて教えてくれることはよくある。直感に気をつけるようになれば、それが自分にどれほどいいアドバイスをしてくれるかを知って驚くだろう。

私にも〝気持ちのままに〟動いた結果、新しいキャリアをみつけて驚いた経験がある。

心理学の博士号を取ったあと、私はゆくゆくは精神科医として開業しようと思っていた。だが精神保健クリニックで診療を始めて数ヶ月後、転機が訪れた。「フローティング・ホスピタル・ニューヨーク健康衛生船」という保健医療施設の事務局長になった友人に、手助けしてくれないかと誘われたのだ。当時の「フローティング・ホスピタル」は船の中にある病院施設で、マンハッタンを航行しながら、貧しい人たちのために保険診療サービスを行っていた（2001年の9・11以降、船が売却されてしまい、今は地上に本拠を置いて貧しい人のための医療を続けている）。

その仕事は、論理的に考えれば私の計画から大きくはずれていた。でも、私の直感は「やってみろ」と言っていた。

そして数ヶ月後、なんとその友人がそこを辞め、事務局長を引き継いだのは私だった。それまでは自分が管理職につくなど考えたこともなかった。リーダーになるタイプではないと思っていたのだ。

それでも、潜在意識は私がその仕事をこなせると知っていて、引き受けろと背中を押した。実際に、手探りで課された役割をこなしながら学び、少しずつ成長したとき、私は管理職の仕事が好きで、じつはその仕事を相当うまくこなせるようになっていることに気づいた。

フローティング・ホスピタルのおかげで、絶対自分には無理だと思っていた経験や、やりがいのある仕事ができた。それは、笑いや胸を打つエピソードでいっぱいの、本当に豊かで、すばらしくエキサイティングな経験だった。でも、私の潜在意識には最初からすべてわかっていたのだ。だからこそ「計画からそれてはいけない」「おまえにそんな仕事なんかできるはずがない」という意識や、論理的な考えを圧倒した。

ただし、もし精神保健クリニックでセラピストとしての仕事を続けていたとしても、それはそれで新しく豊かな人生経験を積むチャンスがたくさんあったに違いないと思う。選択に正しいも間違いもない。どちらにしても道は開ける。ただ違う道を選んだだけなのだ。

⑤明るく気楽に。

今の世の中は、誰もが自分や選択をあまりにも深刻に考えてしまいがちだ。あなたに知っておいてもらいたいのは、あなたが考えるほど深刻なことなどない、ということだ。うそではない。もし決断の結果、大金を失ったとしても大丈夫。それによって財産をなくしたときはどうすればよいかを学ぶことができる。もし恋人を失ったとしても大丈夫。ひとりで生きていくすべを学べる。結婚することに決めたとしても大丈夫。人生を分かち合う方法を学べる。

自分を、大きな大学で生涯学習をしている学生だと考えてみよう。あなたに与えられた力リキュラムは、生まれた瞬間から死ぬまでの、あなたとこの世界とのすべての関係。ここで経験するすべてが、学ぶべき貴重な授業というわけだ。Aというコースを選べば、それに伴う一連の授業を受けられる。Bというコースを選べば、Aとは違う授業で学ぶことになる。地質学でも幾何学でも、ただ先生が違い、教科書が違い、宿題が違い、受けるテストが違うだけだ。

どのコースを選ぶかは問題ではない。Aコースならイチゴが食べられる。Bコースならブルーベリーが食べられる。イチゴもブルーベリーもきらいなら、それ以外のコースを選べばいい。大事なのは、たとえどんな場所にいてもそこを学びの場にし、自分自身と世界についてのすべてを吸収することだ。

✤決断したあとは……

①あらかじめ思い描いたイメージを捨てる。

決断をくだすと、誰でもそのあと思いどおりになってほしいと期待するものだ。心の目に映る理想のイメージは、決断をくだすときに貴重な助けにもなってくれる。でも、いったん決断したら、そのイメージは捨ててしまおう。

何人《なんぴと》も、未来をコントロールすることはできない。もしイメージどおりにいかなかったら、そのせいで不満を感じてしまうかもしれない。そこでがっかりしてしまったら、どんな状況に身を置いたとしても、よいところを見逃してしまいかねない。いつでも、プラス面、よい面を見ることを決して忘れないようにしよう。

本当は、思いがけないチャンスのほうが、あなたが思い描いているイメージよりもすばらしいものかもしれない。「こうであるべき」というイメージにこだわるのをやめれば、ありのままの経験を楽しむ機会や、想像とはまったく違うすばらしい世界を見るチャンスが訪れるだろう。

②自分の決断に責任を持つ。

これは難しい！　ものごとが思いどおりにいかないと、人はどうしても誰かのせいにしたくなるものだ。

私の場合、上がると言われて勧められるままに買った株が下がったとき、証券会社の担当者を恨んだものだ。「買うことに決めたのは私自身、誰も私の腕をねじあげて買えと言ったわけじゃない」と認めるのには、ものすごい意志力が必要だった。不運をもたらしたこの決断を「チャンス」だと思えるようになるまで、私はぐずぐず後悔しつづけた。

そして何を学んだか？　数えきれないほど多くのことだ！　証券会社の言うことを鵜呑み

にせず、少しは株式市場のことを勉強すべきだということ。お金に関してあまりにも無知ではいけないということ。株でお金をなくすこともあり得るが、それでも人生は変わらずに続くということ。もし今後また株で損することがあったとしても、もうそんなに大騒ぎすることはないだろうし、株はまた上がるかもしれないということ。現にその株は8ヶ月後にまた上がった。こういう目で見れば、結局そう悪い決断ではなかった。どんな決断にもチャンスをみつけることができれば、決断の責任を引き受けるのも難しくはなくなるはずだ。

自分の決断に責任を持つと、世界に対して腹立たしい思いをすることがぐっと減る。もちろん、自分に腹を立てることもだ！

③こだわらずに修正する。

自分のくだした決断には、持てるすべてを賭けて全力で取り組もう。でも、それでもうまくいかなかったら？　変えること！　私たちは「正しい」決断をすることに力を注ぐあまり、選んだ道が違うと思っても必死にしがみついてしまいがちだ。私に言わせれば、それは愚の骨頂だ。

間違っていたと認めることには、はかりしれない価値がある。それがわかれば、あとは道を変えればいいだけだ。なるほど世の中には「変わらなければ」というのを、どっちつかずでいることの言い訳にして、ただせわしなくあちこち動きまわるだけの人もいる。だが、私が言うのはそういう意味ではないし、その違いはちゃんとわかるはずだ。もし本当に何かに全力で取り組み、それでもこれは違うと思ったら、ふんぎりをつけて別の道へ進むこと。

道を変えようとすると、周りの人から非難されることも多い。「違う仕事をしたいなんて、何考えてるの？　5年もかけてようやく歯科医になったのに！　これまでかけてきたお金も時間もドブに捨てるつもり？」。もしそんなふうに言われたら、何ひとつ無駄にはならないことを説明しよう。歯科医を目指したのは、ある時点までは正しかった。その経験を通じていろんなことを学び、得たものも多かった。ただ、今はもう正しくない。変えるべきときが来たのだと。

せっかくここまできたのに無駄にするなんてもったいない――、それだけの理由で、今の自分にはまったく合っていない状況にいやいやながら甘んじている人がたくさんいる。なんてばかげた話だろう。もうダメだとわかっているのに、どうしてなおも続けようとするのだろう？　あなたが価値ある人生を送れるかどうかがかかっているのに！

著書*Actualization*で、著者のスチュワート・エメリーが、人生の方向転換についてすばらしい例を挙げている。

あるとき、ホノルルに向かう飛行機の操縦席を見学したときのこと。そこにパイロットが

目標からそれることと、それを修正するモデル

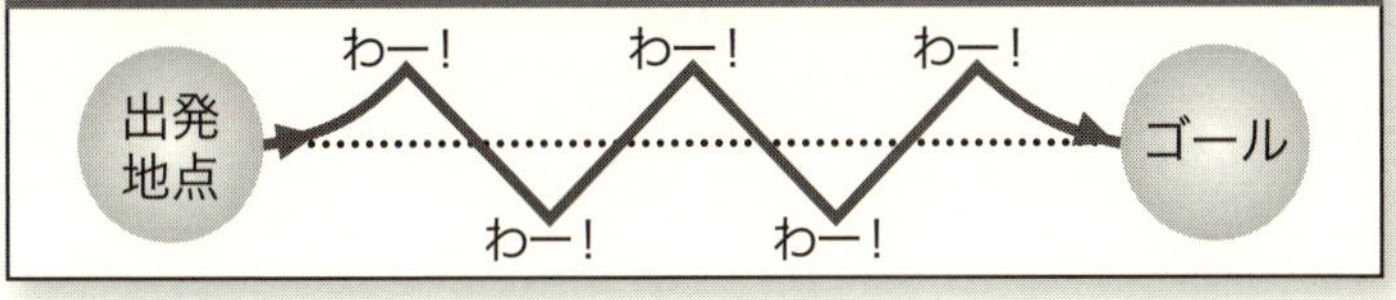

「慣性誘導システム」と呼ぶ飛行機の制御装置があった。これは到着予定時刻までの5分以内に、機体をホノルルの滑走路から約900メートル以内の位置に運ぶための装置で、機体が目標からそれそうになるたびに、システムが修正するという。

機長は「飛行時間内の90パーセントはミスをおかしているにもかかわらず」、ハワイには予定どおりに到着するだろうと説明した。そこでエメリーは悟った。「つまり、今いる地点から行きたい地点までの道は、まず間違いから始まるわけだ。そしてわれわれはそれを修正する。でもすぐ次の間違いをおかし、修正する。そしてまた次の間違いが起き、修正する。ということは、私たちが本当に正しい道にいるのは、ジグザグに進んでいる間に、たまたま正しい道と交差したときだけということだ」

このたとえでわかるように、人生で本当に大事なのは、間違った決断をしないことではなく、いつ修正すべきかを知ること。それが秘訣なのだ！

このことを図にしてみると、上のような感じになる。

心の中には、いつ修正すべきかを教えてくれるヒントがたくさん眠っている。中でもいちばんわかりやすいのが、混乱と不満だろう。

皮肉なことにこのふたつは、ポジティブではなく、ネガティブなことだと思われているが、何かがうまくいかないというのは、本当は役に立つものなのだ。そのおかげで、あなたがなんらかの意味で道をそれていて、もう一度自分の道をはっきりさせなければならないこともわかる。混乱していたり不満だったりするときは、軌道をはずれている証拠だ。

体の痛みならば、不愉快だが同時に役にも立つとわかるだろう。痛みを感じるのは、体のどこかがおかしいという明らかな兆候だ。右脇腹が痛いのは盲腸炎のサイン、この痛みのおかげで命拾いするかもしれない。これと同じように、心の痛みも「ありがたい」のだ。それによって、あなたが向かっている方向がどこかおかしいとわかる。直さなければならないところがあるとわかる。修正すべきなのは、あなたの世界の見方だったり、あなたが今していることだったりいろいろだ。

元の軌道へ戻るには、「探査プロセス」を使おう。自己啓発書を読んだり、ワークショップに出たり……。友人、支援グループ、セラピー、その他助けになると思うものならなんでもいい。心を開いて手を差しのべれば、きっと救いは現れる。「学ぶ準備が整えば、師は必ず現れる」という言葉を思い出そう。

自分で選んだ道にいつまでも固執していると、準備は決して整わない。軌道をはずれたまま、いつまでたっても目標にはたどり着けないだろう。反対に、「今、修正すべきだ」というサインに常に気を配っていれば、正しい地点に到着することができる。少なくともその近くには——。

どんどん間違い、どんどん失敗しよう！

あとで見直すときに便利なように、ここまで述べた意思決定のプロセスを次ページに簡単にまとめておこう。これを使えば、どんな決断も、がぜんラクになるはずだ。

こうして改めて意思決定の「必ず成功する」モデルと、「どちらにしてもうまくいかない」モデルを見比べると、「間違い」をおかすことなどあり得ないことがわかると思う。どの決断も、どんな失敗も、すべて何かを学ぶチャンスなのだから、間違うことなどあり得ないのだ。

ある偉大な研究者が、200回も失敗したあと、ようやく積年の疑問を解決した。そのとき、彼はこう聞かれた。「そんなに失敗ばかり続いて、いやになりませんでしたか？」。答えはこうだった。「失敗なんてしてませんよ。答えに到達しない200通りの方法を発見したんですからね！」

かつての私は何もかもが怖くて仕方がなかった。夢をかなえようとしても、ことごとく失

「必ず成功する」意思決定のプロセス

【決断をする前に……】

①「必ず成功する」モデルに意識を集中する
② 下調べをする
③ 優先順位をはっきりさせる
④ 直感に従え
⑤ 明るく気楽に

【決断したあとは……】

① あらかじめ思い描いたイメージを捨てる
② 自分の決断に責任を持つ
③ こだわらずに修正する

もしこれに納得いかないなら、以下の、ふだん私たちがやっている「どちらにしてもうまくいかない」考え方を思い出して比べてみよう。

「どちらにしてもうまくいかない」意思決定のプロセス

【決断をする前に……】

①「どちらにしてもうまくいかない」モデルに意識を集中する
② 心のささやき声に、狂わんばかりに追いつめられる
③ 未来を占おうとして、不安のあまり身動きできなくなる
④ 直感に従わず、周りの人の言うことを聞く
⑤ 決断をくださなければならない重圧を感じる

【決断したあとは……】

① 結果をコントロールしようとして不安になる
② 思いどおりにいかないと、誰かのせいにする
③ うまくいかないと、別の選択をすればよかったとくよくよしつづける
④ 決断が「間違って」いても、せっかく多くを注ぎこんだのだからと修正しない

敗するんじゃないかと不安で仕方がなかった。ただじっと家に引きこもり、自信を失い、悶々とした。

そんな私の目をいきなり覚ましてくれたのは、古の禅の達人だった……と言ったら話は面白いだろうが、じつはそうではない。本当のきっかけは、「さあ、世界に飛び出そう！」という、ある航空会社のテレビCMのひとことだった。この言葉で「悟った」私は、もう一度、勇気をふりしぼって世の中に戻りはじめた。間違いをおかすことを怖れる代わりに、間違いをおかさないことを怖れるように頭を切り替えるべきだ、と気づいたのだ。もし何も間違いをおかしていなければ、私は何ひとつ学んでもいないし、成長もしていない。

間違うことは人生に不可欠な要素だと考えれば、完璧でなければならないと教えこまれるのは信じがたい。完璧でなければならないとすれば、間違えるのが怖くて冒険も、新しい領域を切り拓くこともできなくなる。

たとえば野球を例に考えてみよう。

どんな一流の打者でも、打率4割は至難のわざだ。つまり、10回打席に立って4回しかヒットを打てない、10回のうち成功は4回だ。しかもそれはトップの中のトップバッターの話。私たちのほとんどはド素人だ。

人生で試みるすべてのことで成功することはできない。これだけは確かだ。いやむしろ、いろいろやってみればみるほど、ものによっては成功しない確率は高まるだろう。それでも、たくさん冒険を積み重ねることで、人生はすばらしく豊かになる。

最後にもう一度、行動を変えるためのプロセスをおさらいする意味で、エクササイズをひとつ紹介しておこう。

ともかく始めよう！　そしてやりつづけよう！

決断することや間違うことに対する怖れや不安を乗り越えて、新しい考え方をしっかり身につけよう。

これからも、あなたが「間違い」をおかしますように！

✤行動パターンを変えるためのエクササイズ

①「必ず成功する」モデルを使って、今くださなければならない決断について考えてみよう。そしてどの道についても、起きる可能性のあるポジティブなことをすべて書き出そう。

②日々ぶつかる小さな決断から、「べつに大したことじゃない」という考えを学んでいこう。今日は会社にどのスーツを着ていくか？　そんなことは大したことじゃない。今晩、

どこのレストランで食事をする？　そんなこと大したことじゃない。どんな映画を観る？　それもべつに大したことじゃない。

どれを選んでも、ただ違った体験をするだけのこと。そのうちだんだんと、もっとずっと大きな決断にも応用できるようになるだろう。自信がない人は、自宅やオフィスに「べつに大したことじゃない」と書いた紙を貼っておくのもお勧めだ。

③ついでに「それがなんだ？　私がなんとかする！」という言葉も、自宅やオフィスに貼っておこう。もしものごとが思いどおりにいかなくたって、それがなんだ！　だからなんだって言うんだ！　何か決断したあとでどんなことが起ころうと、自分がちゃんと対処できるとわかっていれば人生は明るくなる。

④生き方の軌道をはずれていることを示すヒントを見逃さず、状況を修正する戦略を立てよう。

8

人生は
こんなにも豊かだ

3人の心の深い穴

「ジムなしでは生きていけません。彼は私の人生のすべてなんです！」

生徒のひとりルイーズは、5年間の結婚生活のあと、夫から離婚されたばかりだった。彼が自分の人生のすべてだというのは誇張でもなんでもない。彼より大事なものは何もなかった。彼女自身がそういうふうに仕向けてしまったのだ。

捨てられてボロボロになり、自分がからっぽになったような絶望感に襲われたルイーズ。でも結婚生活がダメになった原因は、そんなルイーズにもあった。あまりにもパートナーに依存してしまうと、恐ろしい副作用が出る。怒り、嫉妬、恨み、相手にまとわりつく、がみがみ小言を言う……どれひとつとっても、一緒に暮らすほうにとってはたいへんな災難だ。こんな自滅的な癖も、元をたどれば、「自分のアイデンティティーのすべてを失うかもしれない」という根深い不安が原因だった。

広報担当重役のボブは仕事が命。大事なのは仕事だけで、ほかはどうでもよかった。だが彼も仕事に〝依存〟してしまったせいで、副作用をこうむった。

職場での彼は自己防衛に必死、お世辞にも心が広いとは言えなかった。手柄はすべて自分だけのもの、部下や同僚の貢献はいつもないがしろだった。常に上司の顔色をうかがい、一か八かの賭けに出ることは一切ない。当然、彼の創造力は激しく衰えた。

そして――。合理化の波が押し寄せて、ボブは会社をクビになった。大打撃を受けた彼は、極度の無力感にさいなまれ、自殺まで考えた。自分にはもう何も残っていないという、恐ろしいほどの空しさによるものだった。

社会人になってからの人生を仕事一辺倒で過ごしてきた人は、仕事を辞めざるを得なくなると精神的にボロボロになってしまうことが多い。この世の終わりだと思いつめ、事実、退職してすぐ死んでしまう人も少なくない。人生でもっとも楽しく、クリエイティブに過ごせる時期に、なんともったいないことか!

ジーンは主婦。子どもたちが彼女の人生のすべてだった。どこから見ても「よき母親」そのもので、自分でもそう信じて疑わなかった。

子どもたちが学校から帰ってくるときには必ず家にいて迎えてやる。子どもたちの要求はすべて満たしてやる。そのように子ども優先にしていることに誇りを感じていた。

だがジーンがもう少し自分に正直だったら、子どもを自らの存在理由に使っていたことがわかったはずだ。彼女をよく知る人たちは、これによって当然起きる副作用に気づいていた。

支配欲、過保護、ひとりよがり……。それに、子どもたちにはかりしれないほど大きな罪の意識を背負わせることにもなった。彼女は子どもたちに、母親である自分がどんなに犠牲的精神の持ち主であるかを決して忘れさせなかった。

そして、彼らが大きくなってとうとう巣立って行ったとき、ジーンの前には、彼女が言うところの「空っぽの家」だけが残った。実際には夫もいたのだが、彼女が見ていたのはぽっかり穴のあいた自分の心の絵そのものだった。

子どもたちに愛をそそぐこと自体は、もちろん悪いことではない。しかし、親が子どもを気持ちのよりどころとして頼りきるのは、明らかに有害だ。親にとっても、子どもにとっても。

ルイーズ、ボブ、ジーンの3人に共通しているのは、根っこにぽっかりと深い穴のあいたような救いのない欠落感だ。精神的に依存しているものをなくしてしまったとき、顔を出す欠落感。誰だって一度は味わったことがあるだろう。人生でこれほどつらいこともそうはない。悪いことに、こんな絶望的な苦しみを味わっている間は、気分を明るくする方法がどこにもみつからない。

でも、本当に気持ちをラクにする方法はないのだろうか？　たとえ人生で大きなものをなくして喪失感でいっぱいになっていても、自分は無傷、何も失ってはいないと感じる方法はないのだろうか。もしそんな方法があれば、失うことへの怖れや不安はどんなにやわらぐだろう。

答えは「ある」。安心していい、間違いなくあるのだ。

とはいえ、あらゆる変化と同じように、強い感情に裏打ちされたパターンを打ち破るには、少なからぬ自覚と忍耐と根気が必要だ。こんなふうに言うといやな作業に聞こえるかもしれないが、心配はいらない。一歩ずつ、時間をかけて無理のない速さで楽しみながら進めば、つらいことなどまったくないのだから。

人生を図でながめてみる

というわけで、これまでとは違う「人生に立ち向かう方法」を提案しよう。人生につきものの絶望感、空虚な思い、怖れや不安などから解放されやすくする方法だ。私自身も効果は経験ずみ。これを実践すれば、あなたもきっと面白いことがわかるはずだ。そのためにも本気で取り組んでほしい。そうすれば、人生の質を根本的に変える強力なツールとして力を発揮するにちがいない。

まずは、心のバランスがとれていないと、なぜ空しく感じるのか、その原因をよく理解す

愛する人との関係がすべての人生①

愛する人との関係がすべての人生②

ることから始めよう。

一番上の図①は、愛する人との関係を例に、相手のことだけに意識を集中してしまうと、人生全体がどう見えるかを示したものだ。

そしてルイーズの場合のように、このど真ん中に書かれた「関係」が消えてしまうと、人生は突然下の図②のように見えてしまう。なるほど、これではむなしく感じるのもあたりまえ、別の誰かをすぐ探したくなるはずだ。何も残っていないのだから！

でも、誰もがこうだというわけではない。次ページの図を見てほしい。まったく違うものの見方を示しているのがわかるだろう。

じつはこの図は、ナンシーという別の生徒が表した「私の人生のすべて」だ。からっぽの箱ではなく、いくつにも分かれているこの

愛する人だけじゃない人生

貢献	趣味	レジャー
家族	ひとりの時間	自分自身の成長
仕事	愛する人との関係	友だち

図を見ただけで、ナンシーの人生が、気の毒なルイーズやボブやジーンの人生とは驚くほど違っていることがわかる。楽しみや活気にあふれているだけでなく、人生そのもののエリアが他の3人よりうんと広がっていることも見てとれる。

事実、こうした発想のおかげで、ナンシーはお金以上のものを人生から得ている。たとえばナンシーが愛する人を失ったら、この図はどうなるだろう？ 次ページの図を見てほしい。ルイーズの喪失感とは大違いだ。

ナンシーの図にもたしかに穴があいている。でも何もかもなくなってしまうわけではない。もちろん、愛する人と別れた痛みはある。ときには寂しさに包まれるときもあるだろう。また、いずれは愛する人と新たないい

愛する人がいなくなった人生

貢献	趣味	レジャー
家族	ひとりの時間	自分自身の成長
仕事		友だち

関係を築きたいとも思うはずだ。

でも、たとえ愛する人との関係がなくても、彼女の人生はうまくいっている。日々さまざまなことを経験し、毎日が喜びと満足であふれている。だから欠乏感もすぐにいやされる。彼女にとって人生とは、つきることのない喜びの宝庫のように思える。

奇跡を呼ぶ「いつでも100%」主義

しかし、私が授業でこの話をしたとき、生徒のひとりが甲高い声をあげながら立ち上がった。「私の人生にだって家族や子どもたち、仕事、友だちなどいろんな要素があるけれど、本当に大事なものは、愛する人との関係だけなんです」。私は、まさに今のあなたこそが自覚と忍耐と根気が必要なポイントにいるのだと説明した。彼女は人生のそれぞれのエリアに、より一層「本気で取り組む」必要がある。

ここでいう「本気で取り組む」とは、図のそれぞれの「枠」に、100パーセントの力を、あなたの持てる力のすべてを注ぎこむということだ。仕事をしているときは出し惜しみせず全力で仕事に打ちこむ。家族と一緒にいるときは意識を100パーセント家族に注ぐ。友だちといるときも100パーセントその友だちと一緒にいる……そういうことだ。

「本気で取り組む」ことについて話しはじめると、サンディという別の生徒が手を上げた。今の仕事は、もっといい仕事がみつかるまでの単なるアルバイト。つかの間の腰かけのつもりだが、それでもそのアルバイトに心底うんざりしている。早く辞めたくて仕方がない。こんな状況でどうやって100パーセントの力を注ぎこめと言うのか？　と彼女は訊いた。

そこで私は次のように説明した。「本気で取り組む」というのは、必ずしもずっと続けるという意味ではない。ただそこにいる間は100パーセントの力で打ちこむということだ。そうすることで、あなたの人生の質は100パーセント向上するだろう。

そして彼女が職場で実践できるように、仕事に「本気で取り組む」ための秘訣を伝授した。それは、「自分は本当に価値がある重要人物だ」というフリをするというものだ。

さあ、もし自分が本当に重要人物だとしたら、彼女はどうするだろう？　生徒たちからは、「日々の目標を決めてちゃんと達成する」「他のスタッフと協力して、みんなが少しでもラクになるように心がける」「職場が楽しくなるような雰囲気づくりをする」といった意見が出た。これに、「もう遅刻しない」とサンディ本人が付けたした。ずっとその仕事を続けなくていいのだからと私が請け合うと、彼女はともかくやってみると約束した。

翌週、サンディは何が起きたかをみんなに伝えたくてうずうずしながらやって来た。その姿が元気はつらつとしているので、みんな驚いた。

サンディは、まず鉢植えと絵を職場に持って行ったら、仕事場の雰囲気が明るくなったと報告した。続きは以下のとおりだ。周りの人にも愛想よく接し、いつでも役に立てるように心がけた。毎晩仕事から帰る前に、翌日達成すべき目標を立てておいた。そして毎日その目標に集中したら、日が経つにつれて、以前の二倍も仕事がはかどるようになってびっくりした。気づいたら、目標に「済」の印をつけるのにすっかり夢中になっていた。すごくいい気分。たまにやり残したことがあっても、翌日には必ずすませるようになった。周りの反応にも驚いた。同僚のひとりは、「いったい何を実践しているの？」と訊いてきたほどだ。

だが何より驚いたのは、本当に仕事が楽しくなってしまったことだった。１００パーセント本気で取り組んでいるうちに、退屈なんかどこかへ行ってしまった。

自分には本当に価値があるというフリをすることで、サンディにはほかにもいいことが起きた。自分に自信が持てるようになったし、ついに別の仕事に移るときにはすばらしい推薦状を書いてもらえた。自分で何かを変えられることを確信できたのも収穫だった。自分には何もできないと感じる人が多い中で、彼女は自らのパワーを実感するようになったのだ。

ついでに私の経験も紹介しておこう。私にとってフローティング・ホスピタルの事務局長という仕事は、とても楽しかったし満足感もあった。でも8年ほどたったとき、何か他のことに挑戦する時期だと思いはじめた。そこでまず、私がいなくなってもこれまでと同じように業務が円滑に続くように、環境を整えることに決めた。

それからの私は、別の人に仕事を伝授し、業務もどんどん肩代わりしてもらうように務めた。そして、この人ならぴったりだと思った新しい人を、評議委員に覚えてもらうよう仕向けた。つまり、ここを立ち去ろうというときにも、100パーセントの力で仕事に取り組んだということだ。

同時に、ここを辞めたあとの自分の人生が大丈夫であるように、そちらにも100パーセントの力を注いだ。余暇にはどこかで講演をしたり、ものを書いたりした。個人で精神分析の診療も始めた。こうして約2年で、フローティング・ホスピタルも自分のキャリアも将来への土台ができた。立ち去る準備が整ったのだ。

「100パーセント」の原則は、愛する人との関係にも当てはまる。ある人との関係がどれくらい続くかは、誰にもわからない。それでも別れを決めるまでは、パートナーにも自分自身にも100パーセント本気で向き合い、互いに敬意を払い、品位を保つ。こうすれば、いよいよ別れるべきときが来ても、やれることはすべてやりきったと思えるだろう。もしパートナーのほうから別れを切りだされたときでさえも――。183ページのような「人生のすべて」の図をあなたも描ければ、愛する人以外の「枠」にも楽しく豊かなものをたくさん持てる。失うものはあっても、破滅にはいたらない。

ところで、183ページの図で、少し補足しておかなければならないエリアがある。それは「貢献」だ。自分なりに世界を少しでもよくしようという「貢献」については、後の章で詳しく述べるつもりだが、今は、このエリアから、自尊心や満足感がたくさん得られるということだけ覚えておいてほしい。自分の手で世界を少しでもよくできるなら、あなたは無力ではなく、この世の重要な力のひとつだということになる。

世の中への貢献といっても、ガンジーやキング牧師やアインシュタイン博士のような偉大な功績でなくて全然かまわない。あなたが今いる場所から周りを見渡し、やらなければならないことに気づき、それを実行すればいいのだ。家族や友だちに関することでも、あなたのいるコミュニテイや国、あるいは世界に関係することでもなんでもいい。

今この世に生きていて、地球を幸せにすることに貢献できない人などひとりもいない。あなたの態度を変えるだけで、周りの世界に必ず大きな影響を与えることができるだろう。

自分の「人生のすべて」を図にしてみる

さて、「人生のすべて」のとらえ方、そしてそれがあなたと愛する人との関係、仕事、子どもなどに関する不安を減らすのに大いに役立つことがわかったら、いよいよこの強力なツールを日常生活に取り入れる番だ。次のような要領で、さっそく始めてほしい。

①まずは、自分が悪循環にとらわれているかもしれないことを認めよう。自分の過去をじっくりと振り返ってみる。喪失感に伴うネガティブな感情を味わうたびに、不安をやわらげようとしていつも同じこと、つまり失ったものを再現しようとしていたことに気づくのではないだろうか。

たとえば、恋人と別れてもう立ち直れないと思ったとき、たいていの人は代わりの人を探す。そしてその人とも別れると、また立ち直れない思いを味わい、別の「この世でたった1人の運命の人」を探しにでかける。恋人なしには生きていけないのだ。

だが、もしあなたがこういうパターンでも大騒ぎすることはない。単に、これまでは適あなたの「人生のすべて」

切な行動のお手本がなかったせいで建設的な行動ができなかったのだと認めればいい。これからは違った行動をする可能性があると知るだけで、次のステップに進むのには十分だ。

②あなた自身の「人生のすべて」の図を描いてみよう。上の図のように、まずは9つのエリアから始めよう。

少し時間をかけて自分の人生にどんな要素を含めたいか考え、ひとつずつ埋めていこう。ちなみに私は、自分をかえりみるときはいつもまず身のまわりのセッティングを整える。あなたも記入するときには、心が落ち着くBGMを流すことをお勧めしたい。それと、これは必ずひとりきりで書くこと。携帯電話の電源も切って！

③記入が終わったら、その中からひとつを選ぶ。そして目を閉じて、その部分を今後どうしたいかをイメージする。あなたは何をしているだろう？　周りの人とどんなふうに関わっているだろう？　どんな気持ち？

このとき、ふたつの重要な要素を思い出そう。ひとつは、100パーセント本気で取り組むこと、もうひとつは、自分には本当に価値があるというフリをすること。これからはこのふたつを「マジック・デュオ」と呼ぶ。このふたつがあなたの人生に、本当にマジックを起こすからだ。

④イメージがはっきりしたら、真っ白な紙に、思い浮かべたイメージを描き出してみよう。細かいディテールにも注意すること。こうするとステップ⑤がラクになる。

⑤そのイメージを実現するためにしなければならないことを書き出してみよう。たくさんあるはずだ。じっくり時間をかけてよく考えよう。

ここでも**「行動こそが成功のカギ」**だ。イメージしたことと現実の人生をぴったり重ねるためには、行動しなければならない。

正しいイメージのしかた

それでは、これをもっと具体的に見てみよう。

たとえばあなたが「自分自身の成長」のエリアを選んだとする。何かの講習を受けたり、ワークショップに出たり、本を読んだり、講義に出たりしている自分を思い描いたかもしれない。

このとき大事なのは、イメージの中でも「マジック・デュオ」を使って、強い意志で集中して本気で取り組み、常に積極的に参加すること。たとえばワークショップに参加するなら、他の生徒たちと積極的に交流し、単位が認定されるコースでなくても宿題はすべてきちんとこなす。そして次の授業を楽しみにし、このワークショップに参加したことに心から満足する——というように。

だが、もしこれを現実にやってみようとすると、たいていの場合、古い習慣がまたひょいと顔を出す。ワークショップに出ている最中、突然、「今、彼女と一緒だったらどんなにいいだろう！」という感情に突き動かされるという具合だ。こんなふうにはじめのうちは、あなたの心が本気で取り組んでいるあなたの足を引っぱろうとする。どうしてもそうなるのだ。だから気が散らないように、常に気をつけておかなければならない。

そうすればいつかは「あいつがなんだ。ぼくは勉強をしにここに来てるんだ！」と言えるようになる。そうなったら、どんなに誇らしいことか！　あなたは今やっていることに気持ちを集中させることができるようになり、現実に周りで起きていることを受け入れられるようになる。するとどうだろう！　満たされない思いが消えていくのだ。

では、「友だち」のエリアを選んだら、どんなイメージが見えるだろうか。みんなをディナーに招く、一緒に素敵なレストランに出かけて楽しい夜を過ごす、友だちに感謝の手紙を書く……。

でもこれも現実にやってみると、友だちといる間にふと、最愛の人と一緒にいられたらどんなにいいだろうと思ってしまうだろう。そんなときこそ「マジック・デュオ」の出番だ。素敵な友だちと一緒にいることに集中し、自分が友だちの人生に本当にプラスになれるフリをするのだ。心をこういう状態にしておけば、喜びや満足感を得られるようになる。

私が若いころは、「素敵な誰かからデートに誘われていないなら、女の子と一緒にでかける」というのが、女子同士の暗黙のルールだった。今ふりかえるとなんてばかばかしいルールだろう。女友だちといる時間はいつもとても楽しかったのだから。大人になってからの私は、友だちにこんな失礼なことはしなくなった。すると面白いことに、男性から「誘えばすぐ来る女」と思われなくなった。私が友だちとの約束をけっしてドタキャンしないと知って、何日も、場合によっては何週間も前に電話をしてくれるようになったのだ。

次は「レジャー」のエリアを見てみよう。生徒の中にはこのエリアに手を焼く人が多い。かくいう私も、これには日々努力が必要だ。

現代人のほとんどは、仕事での成功を生きがいにするあまり、リラックスして楽しむことに不安を感じてしまう。パートナーや友だちが一緒のときはいいのだが、自分ひとりでいると、どうしても何かせねばと思ってしまうのだ。

そんな不安を解消するために、ここでも「マジック・デュオ」に登場してもらおう。リラックスすることに100パーセント本気で取り組み、今、安らぐことが本当に重要であるかのようなフリをするのだ。そうすれば、自分だけのために使う時間を楽しめるようになる。

私は自分を解放するために、「休日」ではなく「休時間」という考え方をするようになった。まる1日の「休日」より、もっと短いバージョンだ。1日に少なくとも1時間は、完全にリラックスする時間を設け、その時間は雑誌を読んでもいいし、ビーチに散歩に行ってもいいし、お気に入りの店でショッピングをしてもいい。

これを実行するようになったおかげで、いつもフレッシュな気持ちで仕事ができるようになった。肩の力の抜けたこんなときに、グッド・アイデアが生まれることも多い。

「人生のすべて」を現実にするために

⑥すべてのエリアでステップ③④⑤を実行しよう。充実した、豊かな愛と寛容に満ちたすばらしい人生が現れてびっくりするに違いない。あなたが図に描いたことは、たとえどんなことであっても必ず実現する。これはしっかり覚えておいてほしい。あなたがそのために必要な行動に本気で取り組めば、ではあるが――。

⑦毎日、図の中の全部のエリアについて、それぞれ達成すべき目標を立てよう。多くの人は自分の目標が仕事のエリアだけに絞られていることに気づくはずだ。だが図の中のすべてのエリアそれぞれにゴールを定めれば、人生のバランスは今よりずっとよくなる。それぞれのゴールに取り組むときには、集中し、充足感が得られるように「マジック・デュオ」（100パーセント本気で取り組み、自分に本当に価値があるフリをする）を心がけよう。

とはいっても、毎日必ずすべてのエリアをカバーする必要はない。人生には当然、ひとつのエリアがほかよりも優先するときがある。たとえば、休暇の間は他のエリアは忘れ、ただ楽しむことだけに集中しよう。「マジック・デュオ」効果で、あなたはそのすべてを吸収することができるはずだ。同じように、仕事で大事なプロジェクトをかかえている期間は、それだけに専念すればいい。要は、全体的にバランスをとることを目指せばいいのだ。

以上のステップは、もっと成長し、満ちたりた人生を送れるように、土台となる骨組みを築くためのものだ。これについて、生徒のジャネットがうまいことを言った。「今までやってきたのと同じことをずっとやりつづけたら、今までと同じ結果しか出ないよ」。こう考えたからこそ、彼女は前進することができたのだ。

ただし、なかなかやる気になれなくても自分を見放さないこと。きっかけをつかむために、自己啓発のグループ、あるいは「一緒に成長する仲間」をみつけてはどうだろう。

彼らと毎週会って、図のエリアの目標、行動計画、その他いろんなことを助け合うのだ。毎週のミーティング前に自分の宿題をすませることに全力を注げば、行動しなければという気持ちにも拍車がかかる。この場合の秘訣は、今自分の取り組んでいることは、仲間に対しても絶対に果たさなければない約束だと考えて、やると決めたことはすべて1週間で責任を持ってやり遂げるよう心がけることだ。

自分のほしいものを知り、どんなことをしても絶対に手に入れると心を決めれば、どれほど早く実現するか――。それを知ったあなたは驚くに違いない。ほとんどの人は、意識を集中して「自分が本当は何がほしいのか」を考える時間をとらない。それでいて、どうしてこんなにいつも空しいのだろうと嘆くのだ。

9

すべてのことに「イエス」と言おう

不安を小さくするためのレッスンの中で、いちばん役に立つもののひとつは、この言葉、「自分をとりまくすべてにイエスと言おう」だ。

これは、私のすばらしき恩師であるジャネット・ザッカーマンが、ひどい不満を持っていたある人に向かって何気なく口にしたセリフだ。この言葉の本当の意味は何かと訊くと、彼女はこう答えた。「簡単なことよ。人生でどんなことが起きようと、頭をヨコに振る代わりにタテに動かして、ノーと言う代わりにイエスと言うのよ」。それからずっと、私はこの言葉を自分の人生に取り入れ、てきめんの効果をあげている。

イエスと言うだけで希望が広がる

ここでいう「自分をとりまくすべて」とは、たとえばどんな希望をも消し去ってしまうような出来事や、私たちがしたいと思っていることの邪魔ばかりして、勝手放題に動いているように見える「力」をも含む。人生のある「流れ」や、私たちがほとんど、あるいはまったくコントロールできない他の人の人生も例外ではない。

人生では、いざある方向に動き出そうとすると、思いもかけないことが起き、すべてが変わってしまうことがある。私たちはこういう思いがけない出来事が起きる、あるいは起きるかもしれないと思うだけで、不安でたまらなくなる。そしてつい最悪の事態を予想する。だが覚えておいてほしい。本当は、**「イエス」と言えば怖れも不安も消えていく**のである。「イエスと言う」、それは人生で私たちに与えられることに「同意する」ということであり、抵抗をやめ、新しい視点で世界を見直し、自分をとりまくすべてが自分に与える可能性を受け入れるということだ。

ためしに、イエスと言って体をリラックスさせ、周りを静かに見渡してみよう。すると心の混乱や不安が小さくなっていくはずだ。これは気持ちの面だけでなく、体にも非常にいいことだ。

逆に、「ノー」と言うのは被害者になるということ。「どうして私がこんな目にあわなきゃならないんだ!」。ノーと言うのはあらがうこと、戦うこと、成長し挑戦するチャンスに背を向けることである。ノーと言ってしまうと、緊張するし疲れる。エネルギーの無駄づかいや感情の激しいアップダウンを招く。さらにひどい場合は無気力も引き起こす。「私にはどうしようもない。もうダメだ。希望がない」

「イエス」と言うことこそ、私たちのただひとつの希望なのだ。

「イエス」という言葉は、私たちに日々降りかかってくる災難、失望や拒絶、あるいはチャンスをつかまえそこなうことに対する解毒剤だ。だが、それだけではない。

ここで、みなさんにチャールズを紹介しよう。

チャールズはニューヨークの貧しいゲットーで育った。以前はタフガイそのものだったが、ストリートファイトで銃撃され重度の障害を負ってからは、そんなイメージも消え失せた。脊椎損傷で腰から下をまったく動かせなくなったのだ。

私がチャールズに出会ったとき、彼はリハビリセンターでのトレーニングを終えたばかりで、フローティング・ホスピタルで仕事を探していた。自分のようなトラブルに巻きこまれないように、子どもたちを教えるチャンスがあればと願ってのことだったが、結局私のスタッフのひとりになり、周りのみんなにすばらしい刺激を与えることになった。

ある日、教室のひとつを通りかかると、チャールズが子どもたちの一団にとり囲まれていた。彼は、体の不自由な人に好奇心満々の子どもたちの、遠慮のかけらもない質問に一つひとつ答えていた。

「歩けないってどんな気持ち？」「車いすに乗った人に会ったら、なんて言えばいいの？」「どうやってトイレに行くの？」……。しばらくするとチャールズは子どもたちに、体の不自由な人がいちばん欲しいものはなんだと思う？　と訊いた。するとすぐに小さな男の子が答えた。「友だち！」

「そのとおり！」。チャールズが答えると、子どもたち全員が思わず飛び上がって「ぼくが友だちになったげる！」と叫びながらチャールズを抱きしめた。このやりとりからいちばん多くのものを得たのは、子どもたちか、チャールズか？　もしかしたら私かもしれない。

また別のとき、私たちは新しく入所したお年寄りたちのためにパーティを開いていた。歓迎ムードを盛り上げるため、3人編成のバンドにも来てもらっていたが、当のお年寄りたちは互いに見知らぬ同士で全然気乗りしないようだった。

すると突然、車いすのチャールズが部屋の真ん中に進み出て、音楽に合わせて「踊り」はじめた。「ほらみなさん、ぼくだって踊れるんですから、踊りましょうよ」。いつのまにか、彼はみんなを踊らせ、笑わせ、歌わせ、手を叩かせていた。彼の明るさにつられて、誰もが陽気な気分になった。お年寄り同士もすぐに打ち解けた。

機会があるたびにチャールズは、常に前向きな態度で、たとえ人生に何が起きようとそこから意義を見出すことはできるのだということをみんなに示してくれた。

チャーリーとは何度も話す機会があった。体が不自由になった最初のころは、すべての希望を失い、自暴自棄になっていたという。彼は言った。「そりゃつらかったですよ。それまでいっぱしのマッチョで通ってた若い男が、トイレの始末はもちろん、歩くことすらできなくなったんですからね」

退院後、彼はすばらしいリハビリセンターを紹介されたが、入所を断った。そのリハビリセンターは、結局は彼を家に送り返し、一生誰かに面倒をみてもらう人生を送らせようとしていたからだ。家に送り返されてしまったら、自分らしい人生を送るチャンスはないとチャールズにはわかっていた。

このときが彼にとって、自分をとりまくすべてに「イエス」と言うか「ノー」と言うかの分かれ道だった。「イエス」と言ったことに彼は感謝している。

ひとたび決断をくだすと、進歩は目覚ましかった。以前には考えもしなかったチャンスが次々と目の前に開けた。チャールズは人生に目標を持つことに決めた。

苦しんでいる人の手助けをしよう。それがどんな苦しみだとしても。「ぼくにできるんだから、あなたにだってできる」と言うことによって、自分はそういう人たちの手本になることができるはずだ。おかしなことに、今では障害を持ったことに感謝しているとチャールズは認めた。そのおかげで、自分がこの世にどれほど貢献できるかに気づいたからだ。

事故の前、彼は人生に意味があるなどとは夢にも思わなかった。でも今では、事故の前のほうがよほど障害があったと思っている。チャールズは、体が不自由になってからのほうが、はるかに人生に満足している。

心の痛みに「イエス」と言うとどうなるか？

あるとき授業で、「自分をとりまくすべてにイエスと言おう」というと、ひとりの生徒が面白い質問をした。「いつもすべてにイエスと言っていれば、心の痛みも感じなくなるんじゃないですか？」

少し考えたあと、私は彼に言った、「それは違う」と。痛みから逃れることはできないからだ。でも、痛みも人生の一部だということを理解して、痛みに対して「イエス」と言うことはできる。そうすれば自分を被害者だとは思わなくなる。そして、自分は心の痛みにも、その痛みの原因になっている状況にもちゃんと対処できる、どうしようもないなどとは決して思わない――と考えられるようになるだろう。

ここまで話すと、別の生徒が叫んだ。「わかった！　『イエスの痛み』と『ノーの痛み』があるってことですね」。そう、それこそまさに私が言いたかったことだった。

このことについてクラス全員でもっと深く考えていくうちに、私たちは自分が痛みに対して「イエス」と言ったときのことを次々と思い出した。

ナディーンは先日、最近亡くなったお母さんのことを思い出して、突然、心に穴があいたような激しい痛みに襲われた。だが、座りこんで泣きじゃくりながら、お母さんと一緒に過ごしたすばらしい時間を思い出すと不思議と心が安らいだ。彼女は泣きながら、「ありがとう、ありがとう」と何度もくりかえさずにはいられなかった。

痛みの真っただなかで彼女は気づいた。人生には多くの別れがある。でも、それが人生というものなのだと。愛する人の死を絶望的悲劇だと思うこと（すなわち「ノー」と言うこと）と、その人が自分の人生にいてくれてどんなに幸せだったかを心に焼きつけておく（つまり「イエス」と言うこと）の違いが、彼女にはわかったのだ。死を、人生の一部であり自然の摂理のひとつだと思うことと、大切な何かを奪われる、むごくて理不尽な現象だと思うことの違いだ。

ベッツィーは、大学入学を機に家を出ることになった息子を見送ったときのことを思い出した。

買ったばかりの車に向かって歩いていく息子の後ろ姿を、彼女は目に涙をいっぱいためて見送った。ここにまた帰って来ることがあっても、今度はお客様、しかも少し立ち寄るだけだ。それでも今はひとり立ちさせてやらなければならない。

彼女は自分に言い聞かせた。「イエス」、人生とはそういうもの、常に変わっていくものだ。

永遠に同じものなどどこにもない。
しばらくの間は、涙が流れるに任せた。でもすぐに気をとり直して、今夜はキャンドルを灯してとっておきのディナーを楽しもうと決め、支度にかかった。考えてみれば、夫とこの家でふたりっきりになるなんて何年ぶりだろう、それなら思いきってハネムーン気分になってやろうと思ったのだ。

子どもたちが家を出て行くことにおびえ、とうとうその日が来ると、自分はもう役立たずだと感じてしまう親たちとベッツィーとを比べてほしい。変化にあらがう人たちは、新たな道が目の前に開けているのに気づかない。

ベッツィーの例は、何かが終わるときに痛みを感じても、そこからまた立ち上がって前進し、新たな希望と夢を築くことができるという証明だ。これまでのすばらしい日々に別れを告げ、また次のすばらしい経験をわくわくして待つ人生は豊かだ。

マージは、夫を亡くしたときの悲しみを語ってくれた。
いつも一緒にいて、温かく包んでくれた夫がいなくなって、彼女は寂しくて仕方がなかった。でも、ひとりぼっちになってみて、それまで夫に頼りきっていた自分が、人に頼らなくても生きていける人間になれたことにも気がついた。以前は怖くてできなかったようなことも、思いきってやるようになって、そんな自分をとても誇らしく思えるようになっていたのだ。

マージだって、私の友だちと同じようになってもおかしくなかった。その友人は、妻を亡くしたあと、人生を前に進めようとしなくなった。5年たっても、電話をすると泣きながら「どうして妻が死ななきゃならなかったんだ?」とかきくどくのだ。

彼は自分をとりまくすべてに「ノー」と言っていた。残念ながら、嘆き悲しんでいるのは彼と、それからいまだに電話で話を聞いてくれるごくわずかな人たちだけだった。彼は自分の人生が本当はどれだけ恵まれているかにも、新しい人たちと知り合い、新しい経験をする可能性があることにも目を向けようとはしなかった。「ノー」と言うことの痛みが、彼を無力にしていた。

身のまわりの世界とうまく関われるかどうかは、痛みを含めてあなたをとりまくすべてに「イエス」と言えるかどうかにかかっている。思い出してほしい、**大切なのは痛みを認めること。否定は命とりだ。**

サンディは痛みを認めようとしなかった人だ。12年前、息子を不慮の交通事故で亡くしたが、その事実に向きあおうとしなかった。彼女の友だちは、息子の死に際して彼女がどんなに気丈にふるまっていたか覚えている。

3年後、サンディはてんかんの発作を起こした。それから9年間、彼女は発作に苦しみ、そのせいで仕事に就くこともできなかった。夫や他の子どもたちとの関係も徐々に冷えていった。

とうとう、自分のせいでめちゃくちゃになってしまった家族関係をなんとかするため、彼女は救いを求めてサポートグループの門を叩いた。最初のセッションの日、グループのリーダーは彼女に、何か大事な人を失うようなひどい体験がありましたかと訊いた。彼女はあると言いつつ、もうずっと昔のことなので、今の人生には関係がないと説明した。

でも、こういうことをよく知っているリーダーは、息子を亡くしたという経験に巧みに彼女を連れ戻した。そしてようやく彼女は悲しみをあらわにすることができた。

それからの5週間、セッションのたびにサンディは痛みと向きあいつづけた。その結果、ほとんど「奇跡的に」発作は消えた。彼女は薬をやめ、いい仕事をみつけ、病気のせいで壊れかけた家庭を修復した。

心の痛みは、隠しつづけようとするととんでもない事態を招くこともある。サンディほど極端でなくても、痛みにきちんと向きあわないせいで、じわじわと人生をだめにしてしまう例は多い。

痛みを認めない人たちは、自分の気持ちを正面から受けとめることを拒んでいる。だがちゃんと認めないと、体に異変が表れたり、怒りなど別の強烈な感情に姿を変えてしまったりする。

「ノー」と言う人は人生において引きこもりがちで、自分が犠牲者にならないように何かの陰に隠れて生きることを選んでいる。しかし皮肉なことに、結局は自分自身の不安の犠牲者そのものになってしまう。

これに対して、「イエス」と言うのは痛みを完全に受け入れることだ。受け入れれば、いつか苦しみを乗り越えられる日がくる。得るものも必ずある。

『夜と霧』が教えてくれること

クラスで話し合ううちに、私たちは面白いことに気がついた。それは「人生が豊かであればあるほど、失うことの痛みをより多く感じることになる」ということだ。

友だちがたくさんいれば、それだけ多くの別れに向き合わなければならなくなる。世界に手を差しのべれば差しのべるほど、「失敗」や拒絶に出会う機会も増える。でも、日々を豊かに生きている人は、そんな人生を変えようとはこれっぽっちも思わない。いいことも悪いことも、人生が差し出すものすべてを味わい、それを楽しむ。

また私たちは、「人生を豊かに生きている人は、すべてに対してイエスと言うコツを本能的に心得ている」ということでも意見が一致した。

このことの感動的な例が、ヴィクトール・E・フランクルの『夜と霧』の中に出てくる。そもそもは、友だちが読むように勧めてくれた本だが、著者フランクルの強制収容所での体験を綴ったものだと知って、私は最初、怖じ気づいた。目にするのがあまりにも恐ろしく、けっして近づかないようにしていたテーマだったからだ。強制収容所の体験というのは、精神的にも、肉体的にも、知的にも、これまで人間が耐えてきた中でももっとも恐ろしいものだと思っていた。

だが、読まずに片づけてしまおうと思ったとき、「絶対読まなきゃだめだよ」という友だちの言葉を思い出した。彼女は明らかに私の知らない何かを知っていた。それを知るために、勇気を出して読んでみることにした。

1ページ、また1ページと、想像を絶する世界が広がる。苦しみながらページをくった。涙をおさえることができなかった。それでも読みつづけるうちに、だんだん心が晴れていった。

なぜか？　ひとつにはフランクルや彼女と同じ目にあった人たちが、強制収容所の生活に立ち向かったからだが、それればかりではない。彼らが彼らをとりまくすべてに対して、イエスと言っていたからだ！　きわめて過酷な運命からでさえ、彼らはポジティブな経験をつくりだしていた。個人としての意義や成長、そして自分なりの世界観を見出していた。彼らはたしかにこの経験から価値を得たのだ。

フランクルは次のように言っている。

収容所での経験から、「人は行動を選びとることができる」ということがわかる。無気力を克服し、興奮を抑えることができるという証拠をたくさん目にした。その多くは英雄的と言っていい。これほど過酷な精神的、肉体的ストレスにさらされながらも、ひとかけらの精神の自由、何ものにも依存しない心を保つことは可能なのだ。収容所で過ごした私たちは、粗末な房をまわっては他人を慰め、最後のパンのひとかけらを分け与えた人たちのことを思い出すことができる。そうした人はたしかに数少ないかもしれないが、それでも、人間というものには、すべてをはぎ取られても、たったひとつ奪えないものがあることを証明するのには十分だ。それは人間に許された最後の自由――たとえどんな状況に置かれても、どんな態度をとり、どんな行動をするかを選びとることができるということだ。人が、自分に与えられた運命とそれに伴うすべての苦痛をいかに

受け入れるか、いかに受難に耐えるか。そうしたことが、このうえなく厳しい状況にあってさえも、人生にさらに深い意味を見出すための豊富な機会を与えるのだ。

最後のページを読み終えると、自分の中で何かが劇的に変わるのがわかった。もう二度と、この本を読む前のような激しい不安を感じることはないだろう。フランクルは、私の想像を絶するような経験をしてさえ、そこからポジティブな何かをつくりだした。それなら私だって、ほかの誰だって、人生が与えるどんな経験からも価値ある何かをつくりだせるはずだ。肝心なことは、「自分は選びとることができる」ということを、いつも心に留めておくことだ。

都合の悪いことに目をつぶるのではない

別の授業でのこと。ある生徒がこんな議論を持ちかけた。もしすべてに「イエス」と言うならば、すべてを受け入れることになる。すべてを受け入れてしまったら、世の中の間違いをただす行動ができなくなってしまうのではないか?

これに対して私はこう説明した。「イエス」と言うことはポジティブな行動であり、「ノー」と言うことはあきらめること。私たちは何かを変えられると思うときだけ、変化を起こそうと立ち上がることができる。たとえある状況に対して「ノー」と言ったとしても、その状況のおかげで成長する可能性には「イエス」と言える。自分の置かれた状況が絶望的だと思ってしまったら、ただ手をこまねいて、叩きのめされるままになるしかない。

たとえば、もし地球が核によって全滅しても仕方がないと思うなら、世界のかかえる問題を平和的に解決するために立ち上がろうとはしないだろう。だがこの状況に何か打つ手があると思うなら、地球を平和な星にするための活動に加わることに「イエス」と言うはずだ。世界中で多くの人がそういう活動をしている。彼らは怖れや不安に立ちすくんだりはしていない。難題にもチャンスが隠れているということに「イエス」と言っている。

「イエス」と言うことは、あきらめることではない。

「イエス」と言うことは、自分の信念のために立ち上がって行動することだ。それによってどんな運命が突きつけられようと、なんらかの意義や目的をつくりだせるだろう。

「イエス」と言うことは、逆境にあるとき、自分の持てる力を明るく前向きに立ち向かうほうに向けるということ。弱さではなく強さを行動で示すことだ。あるいは、たくさんの選択肢の中から成長を促すひとつを選びとれる柔軟さを持つということ。叩きのめされっぱなしになるのではなく、可能性に敏感に反応することだ。

実際に「イエス」と言えるようになるためには、意識を相当高めなければならない。どちらかというと、私たちは反射的に「ノー」のボタンを押してしまいがちだ。たとえば子どもがひどい病気になったとか、あなた自身の体が不自由になったとか、失業したとか、パートナーが亡くなったというようなとき、「イエス」と言うのはけっしてたやすいことではない。

あなたに覚えておいてほしいのは次のことだ。

世の中には、「このうえなくひどい事態」に立ち向かってきた人がたくさんいる。そして彼らは勝者になった！

大きく受け入れる人間に近づく5つのステップ

「イエス」と言うとき、私たちはみな勝者だ。どうすればそう言えるのかは、どんな努力をしてでも学ぶ価値がある。ここでは、そのための5つのステップを紹介しよう。きっと役に立つはずだ。

①自分が「ノー」と言っていることに気づく　身のまわりにメモや標語を貼ってみよう。机の上、ベッドサイド、鏡台、日めくりカレンダー、その他なんでもあなたが毎日目をとめるところに。たとえば私に役立った言葉は、そのものずばり「自分をとりまくすべてにイエスと言おう」とか、「私に起きることのすべてに価値を見出す」「受け入れなさ

い」などだった。私の娘は「人生がすっぱいレモンをくれたときは、甘いレモネードをつくろう」というすばらしいポスターをくれた。もちろん、自分にぴったりの標語を自分でつくるのもいい。要は、常に意識することだ。「イエスと言う」という考え方は、私たちの中で眠っているも同然なのだから、常に自分に思い出させてやらなければならないのだ。

②実際に頭をタテに動かし、うなずいて「イエス」と言う　現実に体を動かして肯定すると、なんでも受け入れやすくなる。ためしに今うなずいてみよう。肯定のしるしに、体も動かしてうなずくと、よりポジティブな感じになるのがわかるだろう。何もかも大丈夫、そんな気持ちになれる。

③実際に体をリラックスさせる　頭のてっぺんから足のつま先までリラックスさせよう。どこが緊張しているかに注意し、その緊張をやわらげよう。これも、まず体のほうから入ってポジティブな気分にいたる方法だ。あとでさらに詳しく説明しよう。

④どんな経験からも価値を生む方法をみつける　こんなふうに自分に訊いてみよう。「この経験から何が学べるだろう?」「どうすればこの経験をポジティブに活かせるだろう?」「この経験を元に自分をもっと磨くにはどうすればいいだろう?」

ポジティブな何かを生みだそうと思うだけで、自動的にポジティブなことが起きる。

さらに、7章でも紹介したように、結果がどうあるべきかを自由にイメージして、それを実際に描いてみよう。きっと、頭で考えただけでは思いつかなかった可能性が拓けるはずだ。

⑤自分に寛大になる

なかなか「イエス」と言えないからといって、自分に「ノー」と言ってはいけない。これも、言うのは簡単だが実行するには努力がいる。暗い気分でいっぱいで、どうしてもいらだってしまうときは、ただそうなっていることを感じておけばいい。ふさぎこんだりうろたえたりすることにも、いつかは飽きる。そうなったら泥沼から抜け出す道が絶対にみつかると信じよう。どっちにしろ私たちは道をみつけるものだが、「イエス」と言えば、ずっと早くみつけられる。そして人生の質が大いに高まる。

ためしに、まずは暮らしの中の小さなことから始めよう。たとえば、運転していて渋滞でイライラしたら、ダッシュボードの「自分をとりまくすべてにイエスと言おう」というメッセージを見る。そうすれば、今の自分が「ノー」と言っていることに気づくだろう。気づきさえすれば、頭をタテに動かし、体をリラックスさせて、この経験を何かよいことに変えられる。渋滞待ちの間に、今まで聴く時間がなかったオーディオブックを聴くことができるかもしれない。ここにいる間はやっかいな仕事に頭を悩ませなくてもいいことに、感謝することだってできる。とにかく落ち着いてこの経験を楽しめばいいのだ。

もし誰かを待たせているのが心配なら、今自分にできることは何もないことを思い出そう。だからリラックスしていいのだ。ここは、「こんなふうに思いがけなく遅れてしまうこともあるから、今度からは早めに出かけよう」と学ぶ絶好のチャンスだ。

逆にあなたが待つ側で、「あいつめ、また遅刻だ」とぶつぶつ文句を言っているなら、今こそ人間観察をしたり、今日1日の予定を考えるチャンスだと気づき、この状況に「イエス」と言うことに気持ちを集中させよう。私は待つのが大好きだ。だって何もしていなくても罪悪感を感じずにいられる絶好のチャンスではないか！

このように、不安とは直接関係ないことでも、プロセスを実践する練習になる。


人生は、自分をとりまくすべてに「イエス」と言うチャンスをふんだんに与えてくれる。赤ちゃんが床にミルクをぶちまいたとき。あなたが口述した手紙を秘書がなくしたとき。クリーニング屋がスーツを台なしにしたとき……。起きたことに自分が抵抗していると気づくたびに、「すべてにイエスと言う」ことを思い出そう。そうすれば、あなたの人生はどんどん愉快になっていく。あなたをとりまくすべてとの関係が劇的によくなっていく。

日常レベルでこれをマスターしたら、もっと重要な問題に立ち向かう準備もできているはず。あなたはどんなことにもちゃんと対処できる自信が持てるようになり、不安のレベルがゆっくりと下がりはじめたことに気づくだろう。

人は、今まで不可能に見えたことの中に可能性が見えるようになると、世界が「完璧に」動きはじめたことを知るようになる。すべてのことに理由と目的があるのがわかるようになるのだ。それに心を開きさえすれば――。

何かを怖れたり不安になったりするのは、そのことに「ノー」と言い、すべてに抵抗するときだけだ。

「流れに従え」という言葉がある。人生に起きることを意識的に受け入れよという意味だ。流れから「何を得るか」ではなく、むしろその流れに「いかに入るか」を知ることが人生の秘訣だともいう。まさにバリー・スティーブンスの本のタイトル*Don't Push the River*（川は流れのままに流れる）だ。

人生にあらがうのはやめよう。流れに任せ、人生を味わいながら新しい冒険へといざなってもらおう。こうすれば負けることなどあり得ない。いや、こうするしか道はないのだ。

10

「与える」人生の喜び

人のために何をしていますか？

「あなたは自分のことを献身的な人間だと思いますか？」

ある日の授業で、私は生徒たちにこう訊いてみた。ほとんどは既婚者だったが、その多くはうなずいていた。だから、次に私が出した宿題には、全員がきょとんとした。その宿題とは「それでは、お家に帰ってパートナーに『ありがとう』と言ってください」だった。

たちまち教室は不快感でいっぱいになった。結婚して25年になるロッティが金切り声を上げた。「どうして私が夫に感謝しなきゃならないんです？　むしろあっちに、一緒にいてくれてありがたいと思ってもらいたいくらいです」

「じゃあ、あなたはどうしてご主人と一緒にいるの？」と尋ねると、「私がいなきゃ、あの人はだめなんです。別れるのも面倒くさいし……」。彼女はもごもごとつぶやいた。そこで私はもう一度同じ質問をした。

ほかの生徒にも何度も促されてようやく、ロッティは夫がいるおかげで得られていることがたくさんあることを認めた。たとえば話し相手がいること、経済的に安定していること、ひとりぼっちじゃないと思えること……。「いいわ。それじゃ家に帰って、そのことに対して彼にお礼を言ってください」と私は言った。

そして次の授業。生徒たちは一様に浮かぬ表情で教室に現れた。パートナーが自分に何かをしてくれていることを認めるのが、こんなにたいへんだとは思ってもみなかったのだ。いやいやながらもなんとか宿題をすませた人もいたが、まったく実行できなかった人も多かった。子どもたちや親に礼を言おうとした人も、同じくたいへんだった。みな生まれて初めて、自分が周りの人のためにどのくらい何をしているか？　という疑問を突きつけられたのだ。

だからといって、彼らが人のために何もしていないというわけではない。こまごました家の用事や子育てなど、結婚していればやらざるを得ない雑務を一手に引き受けている。でも、それで本当に献身的といえるのか？　人のために何かをするとはどういうことかを本当にわかっているだろうか？

もしかしたら、「あなたがこれをやって」くれれば、「私はこれをやってあげる」という単なる交換条件ではないのか？　こう言うと「お返しをもらって何が悪い？」と思われるかもしれない。それに対する私の答えはこうだ。何も悪くなんかありません。でも、**もし「人のために何かをすること」のすべてに「お返しをもらう」とすれば、人生がどんなにぞっとする場所になるか考えてみたことがありますか？**

そうなればきっと、「私は十分にお返ししてもらっているだろうか？」と自分に問いかけるようになる。そして、こういう考え方をしていると、じきに他人をコントロールせずにはいられなくなってしまう。他人に不当に扱われないようにしよう、心の平安を乱されないようにしよう、怒ったり恨んだりしなくてすむようにしようと思うようになる。

これで「お返しをもらう」のが「人のために何かをする」動機になることの問題点がわかっただろう。本当は、**人のために純粋に何かをすれば、人のためになるだけでなく、それによって自分もいい気持ちになれるのだ。**

「不安」と「貢献」の深い関係

でも、どうして人のために何かをすることがこんなに難しいのだろう？　私の考えでは、ふたつの要素が欠けているからだ。

ひとつは、人のために何かをするには、まず自分がちゃんとした大人でなければならないが、私たちの多くは子どものころから少しも成長していないから。もうひとつは、人に何かを与えることは後天的に学ばなければならない技術なのに、これをきちんと身につけている人はごくわずかだからだ。

このふたつを両方手にするにはトレーニングが必要だ。ほとんどの人は、自分は立派に大人として行動しているし、人のためになることもちゃんとやっていると思っている。私たちは無意識のうちに自分をだましている。無理はない。実際十分大人に「見える」し、献身的な人に「思える」からだ。でも、その内面は見かけとは大違いだ。人生で学ばなければならない何より大切なことのひとつは、「いかに人のために何かをするか」ということだ。そしてじつは、不安に対する答えもここにある。

赤ん坊は欲求のかたまりだ。私たちはみな、人に面倒をみてもらうだけの存在として、この世に生まれてくる。面倒をみてもらえなければ死ぬしかない。自分を育んでくれる世界との関係に、生きるか死ぬかがかかっているのだ。だが、お返しすることはほとんどない。お腹がすけば、何時だろうが親たちを叩き起こしても平気。抱っこされたければ、近所迷惑などおかまいなしに泣き叫ぶ。

なるほど親たちは赤ちゃんの笑顔や、すべすべした肌にふれて喜びを感じることも多い。そういう意味では、赤ちゃんは人のために何かをしているとも言える。でも、たとえば赤ちゃんが夜中に、「私の人生は恵まれている。与えられるものは山ほどある。だから明日の朝はとびっきりの笑顔でパパとママを喜ばせてやろう」などと考えるはずはない。赤ちゃんからの贈り物は、単なる原始的な反射レベルのものにすぎず、朝になればお腹をすかせてかんしゃくを起こし、大声で泣くまでだ。

成長するにつれ、私たちは人に頼らなくても生きていけるようになる。自分で服を着て、自力で食べ、生活費を稼ぐ。それでもなお、赤ん坊のころからちっとも進歩しない部分も残っているらしい。言うなれば、私たちはいまだにおびえているのだ。お腹がすいたとき、もう誰も助けに来てくれないんじゃないかという恐怖をいだいたのと同じように、食べ物、お金、愛情、賞賛、その他いろいろなものを、もう与えてもらえなくなるのではないかと怖がっている。「食べ物」がもらえてほっとしても、すぐにまたお腹がすくのはわかっている。

このジレンマが、日常生活のさまざまな面に影を落としている。

人のために何かをすることができない。人を愛せない。意図的か無意識かはともかく、他人を操ろうとするようになる。

なにしろ生きるか死ぬかがかかっているのだ。他人の欲しいものが、自分の欲しいものとかち合うとき、他人のほうに幸せになってほしいとは思えない。それに赤ん坊並みのレベルにいながら、自分の思うままに人生を動かしているなどと感じられるわけがない。代わりに、無力感、身動きがとれないいらだたしさ、怒り、不満、欠乏感、それに何よりも恐ろしい不安をかかえてしまう。

自分が生きていけるかどうかが、まるっきり他人の手にゆだねられている――これ以上に恐ろしいことがあるだろうか？

おびえきった大人の私たちは、子どものころと同じ質問をくりかえす。あの人は行ってしまって、もう戻ってこないんじゃないだろうか？　いつか私を愛してくれなくなるんじゃやないだろうか？　私の面倒をみてくれるだろうか？　病気になったり死んだりしないだろうか？　パートナーにも友だちや上司や両親にも、子どもたちにさえもこんな質問を投げかける。

不安をかかえている人は、純粋な気持ちで人のために何かをすることができない。彼らは、この世には何もかもがたりなくて、みんなには絶対に行き渡らないと頑固に思いこんでいる。愛も、お金も、賞賛も、注目も……ともかく何もかもがたりない。

前述したとおり、人生のある面に不安を感じると、たいていそれは人生全般に広がってしまう。そして多くの面で引きこもり、守りの姿勢に入ってしまう。

不安におびえている人をイメージすると、両腕で自分を抱きしめてうずくまっている姿が思い浮かぶ。だがそれは内面のイメージ。表に見える姿はさまざまだ。たとえば、

✤上司に認めてもらいたいバリバリのビジネスマン
✤自分らしく生きたことがないと言って、夫や子どもを責める主婦
✤男性にあまりに多くを求めすぎ、結局独身でいるキャリアウーマン
✤妻の自立に我慢できない夫
✤無責任で役立たずの決断をくだす会社役員

こういう人たちはみな、内面では自分を抱きしめてうずくまっているのに、自分が生きていけるかどうかという不安ゆえに、表面的にはこんな行動をとってしまうのだ。

私たちの社会では、成長し、人のために何かをするための秘訣を教わった人などほとんどいない。人のために何かしたつもりになることは教わっても、本当に人のために何かをするとはどういうことかは習っていない。

ケガをしないように注意しなさいと言われてきたように、私たちは子どものころから、人にだまされるな、つけこまれるなと叩きこまれてきた。その結果、何か見返りがなければ、人に利用されたかのように感じてしまうようになった。

お返しを楽しんではいけないと言っているのではない。矛盾しているように聞こえるかもしれないが、実際には、**何も期待せず、純粋な愛情だけで人のために何かをするとき、考えもしなかったものが返ってくることが多い**。でも、いつも見返りを期待していると、自分が正当に扱われないことにがっかりして、人生の大半を無駄に過ごすことになりかねない。

私自身、こんな哀しい堂々めぐりから抜け出られたのは、30代も半ばを過ぎてからのことだ。突然、たとえ人生でどんなに多くのものを得たとしても、もうこれで十分だということは絶対にないと気づいたのだ。持てば持つほど、もっと欲しくなる。もっと愛を、もっとお金を、もっと賞賛を、もっと、もっと、もっと！

もうこれで満足と思えないのは、そのとき私がやっていたこと、あるいはやっていなかったことのせいだった。さらに悪いことに、それまでの私は今持っているものはいつかすべて消え失せ、結局何ひとつ残らないのではないかという不安に常につきまとわれていた。何もかもが、ことわざで言うところの「砂漠の最後の水の一滴」のように思えて、必死でしがみついていた。

生き方を変えるべきときだった。これまでのやり方では自分の人生はうまくいかない、それは明らかだった。前にもふれたように、それからの私は多くの師を探し求め、多くの答えを得た。そして、何かが欠けているという不安から自由になるためには、それまで自分がやってきたのと逆のことをすればいいという結論にいたった。

つまり、すべてに必死でしがみつく代わりに、手を放し、解放する。持っているものはどんどんあげてしまわなければならなかった。だがこれぞ至難の業。自分があり余るほど持っていると思えれば、人に与えるのは簡単だが、そんなふうに感じられるのは与えてしまったあとであって、与える前ではない！　というわけで、不安を感じながらも、ともかくやってみるしかなかった。

くりかえすが、ここで私が紹介しているのは、今日から始めることができ、生涯にわたたって役立つ方法だ。たちどころにきく魔法の薬ではない。

成熟した大人になるには、長い時間がかかる。生涯をかけて果たすべき大仕事だと言ってもいい。もう何年も取り組んできた私も、いまだに修行中だ。でもひとつ確かなことは、人のために何かをする、つまり与える練習をしはじめてから、私のパワー、人を愛し、信じる力は、少なくとも1000パーセントは強まった。そして、今からお話するようなことに対する不安はほとんど消えてしまった。

感謝を与える

今あなたの身近にいる人々や、過去にあなたの人生にとって大きな意味を持っていた人々のことを考えてほしい。そしてその人たちの名前を1枚の紙に書き出し、それぞれの人がどんなふうにあなたの人生に貢献してくれたかを書き出してほしい。その人のおかげでひどい目にあったり、顔を思い出すのもいやだとしても、その人があなたの人生に何をもたらしてくれたかを書き出すのだ。この章のはじめに紹介したロッティのように、夫のことをどう思っていようと、彼がしてくれていることはたくさんある。たとえネガティブなことでも、あなた次第で「贈り物」に変えられる。

かつて私は、成人した息子に謝ったことがある。離婚当初、幼かった息子は私を必要としていたはずなのに、その気持ちに寄り添ってあげられなかった。自分の苦しみにどっぷり溺れ、息子の悩みにまで手がまわらなかった。そのことを詫びたのだ。すると息子はこう答えた。「いいんだよママ。あのときのおかげで、僕は自立するってことを学べたんだ。いい経験だったよ」。息子は、助けてもらえなかったことを感謝することができた。彼の精神衛生にとっても、私を恨みつづけるより、このほうがはるかによかったのだろう。

あなたも、誰かに不当な扱いを受けたと感じているなら、そういう人たちから学んだことを探し、何かをしてもらったことのリストに書き入れよう。

すべて書き出したら、今度は彼らに感謝を伝える計画を立てよう。もししばらく会っていなかったり、もう噂も聞かない人だったら、感謝を伝える電話か手紙でびっくりさせよう。きっと喜んでもらえる。そしてあなたもうれしくなるはずだ。

別れた夫や妻、昔の友だちや上司、仲違いしている親や子どもが相手の場合は難しいだろう。今も感じている恨みや怒りがあるなら、それを追い払うのに、以前私があるワークショップで学んだこんなエクササイズを試してみてほしい。

①誰もいない部屋に行き、電話が鳴らないようにしておく。
②心が落ち着く音楽をかける。

③座り心地のいい椅子にゆったりと腰をおろし、目を閉じる。
④あなたの怒りや苦しみの元凶になっている人のことを思い浮かべ、今その人が目の前にいるところを想像する。
⑤白く輝くいやしの光でその人を包みこみ、その人の人生がいいことで満たされますようにと祈る。生きている間にその人が望むことのすべてがかないますように、と。
⑥その人があなたに与えてくれたことに感謝する。
あなたの心からネガティブな気持ちが消えるまで、これを続ける。


このエクササイズを実行するのはとても難しい。いや、難しいと言うのは控えめすぎる表現だ。「彼女にいいことがあるように祈るだって？　どうかしてるんじゃないか？　彼女がぼくにしたことを思ったら、どんなに苦しんでもらってもたりないくらいなのに！」

初めてこれを試してみたとき、私は以前一緒に仕事をしていた男性を選んだ。私にとってはたいへんないらだちと怒りの元凶だった人だ。信頼していたのに裏切られたと思っていた。被害者意識丸出しで。そのときの私は、自分の人生にちゃんと責任をとっていなかった。

だがエクササイズを進めるうちに、信じられない感情が次々に湧いてきた。

まず、自分がどれほど怒りや恨みをいだいていたかを知って驚いた。どんなに想像をたくましくしても、彼のために何かいいことを祈るなんてあり得ないと思った。最初に感じたのはとてつもない怒りだ。しかしその怒りをゆっくり発散していくと、その下にある自分の痛みを感じた。その痛みが、こんなことが起きるのを放っておいた自分、こんなに長い間怒りを持ちつづけた自分への怒りになっていたのだ。

ようやく、自分のことも、彼のことも許せる気持ちになっていった。自分も彼も、そのとき自分にできるベストを尽くしただけだ。そう思えるようになって初めて、自分と彼を白いいやしの光で包みこむことができた。

ここまでで約1時間。べつに大したことは起きないだろうと思っていたが、とんでもなかった。1時間の間に泣き、苦しみ、憎み、心を開き、許し、愛を感じ、そして安らかな気持ちになった。

それから毎日、彼に対するネガティブな感情がなくなり、彼の身によいことがありますようにと祈れるようになるまで、このエクササイズを続けた。さらにネガティブな感情をいだいている人に対して、その感情がどれほど大きかろうと小さかろうと関係なく、ともかく全員についてやりつづけた。

そのうちのひとりが、元の夫だった。イメージの中で、ようやく彼にいいことだけを祈れるようになったとき、私は電話して彼をランチに誘った。これまで一度も言ってなかったことを、今さらだけど言いたいのだと伝えた。彼は私からの電話を喜んでくれた。

食事をしながら私は、結婚している間、心から彼に感謝していたこと、そして彼のどこを尊敬しているかを話した。こちらが心を開いて話すと、彼のほうも心を開き、私のどこが好きかを話してくれた。それまでやりかけにしていたことをようやくやり遂げたという気持ちになった。とてもいい気分だった。

もしリストアップした人たちに現実に会うことができないなら、心の中で会おう。その人が目の前にいるように話しかけ、言いたいことを言うのだ。自分の中でその人と仲直りする。こうすることで、あなた自身の心や体は、その人が目の前にいるときと同じくらい気持ちよくなれる。


愛を呼び寄せる前に、痛みや怒りを追い払ってしまわなければならない。

過去の人たちに対するネガティブな感情をかかえこんでいると、それを現在にまで持ちこむことになってしまう。それによって肉体的にもおかしくなってしまう——、こういうことに覚えのある人も多いはずだ。

体と心のいやしについては、ルイーズ・ヘイの *You can heal your life*（『すべてがうまくいく「やすらぎ」の言葉』ＰＨＰ研究所）というすばらしい本がある。この本には、あなたがずっとかかえている怒り、痛み、恨みといった感情を追い払うのに役立つエクササイズがたくさん紹介されている。

ありがとうと言わない人が多い。そういう人は、感謝するということがどんなに大切か気づいていないのだ。思い出そう。あなたには価値があり、あなたの感謝は重要なのだ。だから、あなたに何かを与えてくれた人に感謝するチャンスを見過ごさないように。与えてくれたものがなんであろうと……。

もし今はまだできないと思うなら、何気ないことから始めてみよう。たとえば職場の誰かに「○○をしてくれてありがとう」「おかげで助かったよ」「今日は1日楽しそうだったね。おかげで私も楽しくなった」などと言ってみる。

ありがとう、ありがとう、ありがとう。あなたの周りのすべてに、この言葉を意識的にかけてみよう。人からありがとうと言われる前に、自分からありがとうと言うのだ。最初は難しいかもしれないが、だんだんラクになるはずだ。

ありがとうと口に出すことは、筋肉を使うのと同じ。動かせば動かすほど強くなっていく。練習すればいいだけだ。

情報を与える

人生で学ぶべきことには、難しいことも多い。そしてどういうわけか私たちは、自分がしたような苦労を他の人もするべきだと思う傾向がある。

だがあなたには、この向きを逆にして、できるかぎり人の手助けをしてほしい。

こと仕事となると、これはとても難しいかもしれない。かくいう私も、ライバルに有益な情報をなるべく渡さないようにしていた時期があったからよくわかる。でも、不安を感じながらともかく試してみた結果、その人たちとはとてもいい友だちになり、のちには私のサポーターにもなってくれた。見返りを期待しないで与えれば、とてつもないほどいいことが返ってくるのだ。

生徒のひとりに、こんな質問をされたことがある。「もし私たちの誰かが先生のことを裏切って、先生に教えてもらったことを使って商売でもしたらどうしますか?」。そのときの答えは今でも変わらない。誰が何をしたとしても、自分がそれを「なんとかする」と心から信じているなら、怖れることなど何もない。

「情報を与える」とは、自分と自分をとりまく宇宙への信頼を高めること。人はみな、誰かに手を差しのべることで、本当の自分以上に大きくなることができるようになっている。そのうえ自分から学んだことをほかのみんなが使ってくれるなら、この世界での自分の力はもっともっと大きくなる。

賞賛を与える

私たちの多くにとっていちばん褒めにくいのは、いちばん身近にいる人たちだ。パートナー、子ども、親、ときには友人も。

褒めにくい理由は怒りや恨みのせいであることも多いが、不思議なことに誰かを褒めると、その人に対するネガティブな感情が解き放たれ、その人が愛すべき存在になる道が拓かれる。

世の中には、大切な恋人の悪い面ばかりを見て、なんとかして誤りを認めさせようとやっきになる人がたくさんいる。どうりで、うまくいく恋愛がなかなかないはずだ。誰だって愛する人には認めてもらいたいし、励ましてもらいたい。誰だって、寛大で愛にあふれ、自分を伸ばしてくれる人に囲まれていることが大切なのだ。ならばその逆もまた真実だとわかるだろう。つまり、**あなたは、あなた自身が惹かれる人にならなければいけない。自分自身が、自分の周りにいてほしいような人になるのだ。**

これに対して、疑い深い生徒のひとりが、人のために与えて与えて与えつづけて、それでもなんの見返りもなかったらどうするのかと質問した。たとえばどんなことか例をあげるように言うと、ある男性との関係を取り戻そうと、ひたすら尽くしに尽くしてきたのに、彼は自分のもとに戻るのを断ったと答えた。

彼女は勘違いしている。彼女はなんの期待もせずにただ与えているのではない。そればかりか多くを期待している。自分でも認めているように、こうやって尽くしていれば、彼は失うものの大きさに気づき、きっと自分のもとに戻ってくると思っていたのだ。

これでは愛にあふれる行為というより、むしろ計画的な信用詐欺のようなものだ。彼女は彼とよりを戻そうとは思わずに、自分の期待に応えてくれる別の人を探すべきだった。尽くすことは決して悪いことではない。だが、恋愛で自分の求めるものが満たされないときは、愛を持ってドアを閉め、別の誰かを探すほうがいい。

〝与える〟ということは、踏みつけにされてもかまわないということではない。私たちは、必要なものは与えられる資格がある。でも、誰かがあなたの要求を満たしてくれないからといって怒るのは無意味だ。

時間を与える

いつも十分にあったためしがないもの、それが時間だ。時間は私たちの大事な商品のひとつでもあり、貴重な贈り物でもある。

では、どうやって時間を与えるのか？　たとえば友だちの悩みを聞く。お礼の手紙を書く。自分よりも大きな何かに参加してみる。ボランティアに参加する。子どもに読み聞かせをする……。こうしたことによって、自分の殻から外に出て、いつもとは別な自分を使って活動できる。思いやりにあふれ、人を育てる豊かな自分を活性化させるのだ。

生徒のひとりデイヴィッドは、クリスマスに病院を訪ねる「ホリデー・プロジェクト」という活動に、ボランティアとして参加した。この経験は彼の心を開き、いつものちっぽけなところから別の世界に、どこか高いところに自分をつれていってくれたという。

誰かに時間を与えたことで、デイヴィッドがどんな気持ちになったかに注目してほしい。彼は、昏睡状態の子どもに歌を歌ったと語った。看護士がこう言ったからだ。「この子に歌を歌ってやってください。ちゃんと聞こえるんですよ」。すばらしい体験だった。だからぜひみんなにも、心を開いてこういう貢献をしてほしいと彼は言った。「ほんとに、うっとりするほど最高の気分ですよ！」

最近脳梗塞を起こした私の親友も、感謝祭のとき、心から楽しく豊かな気持ちになったと言った。ホームレスの人たちに無料の食事を提供しているレストランで、彼は車椅子に乗ったまま感謝祭のディナーの料理づくりを手伝ったのだ。一瞬一瞬がすばらしい経験だった。

脳梗塞を起こしたあとでも、自分が何かの役に立てるとわかった、と。

ボランティア体験は、子どもたちと一緒に休暇を過ごすのにもうってつけだ。

ある友だちは、娘がクリスマスに52個ものプレゼントを開けておきながら「えっ、これだけ？」と言うのを聞いてがく然とした。でも、この子がこんなクリスマスを過ごしたのはこの年で最後だった。翌年から、デイヴィッドが話してくれた「ホリデー・プロジェクト」に母子ともども参加するようになり、母親は娘の変化を目のあたりにした。クリスマスに何をもらうかを考える代わりに、長い時間をかけて、病院にプレゼントを持って行ったり寄付をするために何かをつくるようになった。

ここでボランティアについて、ひとことふれておきたい。「フローティング・ホスピタル」で仕事をしていたころ、私は大勢のボランティアを観察してきたが、ボランティアには2種類の人がいる。自分が大切なことをしているとわかっている人と、そうでない人だ。

大切なことをしているという認識のない人たちは、純粋に人のために何かをするためではなく、「コミュニティにお返しをしなければならない」といった義務感からボランティアに参加していることが多い。中には「自分はどんなにいい人か」をみんなにアピールする方法として、ボランティアになる人もいる。だからといって彼らがまるっきり役に立っていないわけではない。だが、中には困った人も確かにいる。エゴが邪魔をしているのだ。

そういう人たちは、フローティング・ホスピタルがどんな使命を果たしているかにはまったく興味がない。大事なのは自分のエゴを満足させることだけだ。だから、助けになってくれる代わりに、しょっちゅうスタッフにやっかいごとを持ちこむ。そういう人は自分の経験に満足を感じたり、一所懸命やりきったという達成感を得ることがめったにないだろう。

自分が大切な存在だとわかっている人たちは、それとはまったく違う人種だ。彼らはただ静かに、しかし確実にそこにいてくれる。私たちが必要とすることに、ほとんどの場合は頼む前に応えてくれる。時間に正確で、いるべきときには必ず顔を見せる。どんなに単純でつまらない仕事に見えても、必要なことならなんでもやってくれる。自分が役に立っていることをちゃんと知っていて、喜んでやってくれるのだ。それでいて自分が何をしたかを口にすることもなく、ただひたすらやるべきことを黙々とこなしていく。そんな貢献をしてくれた彼らを、誰もが愛してやまなかった。

自分は大切な存在だとわかっているか否かで、この世でできることに雲泥の差が出てくる。もしあなたがまだ、自分なんか大切ではないと思っているなら、大切であるようなフリをすればいい。「もし私が本当に大切なら、こんなときどうするだろう？　どう行動すればいいだろう？」と自分に訊いてほしい。これは本当に効き目がある。

お金を与える

私たちのほとんどにとってお金は大問題だ。一応成功を収めたと言える今でも、私は82歳になった自分が街角でコップを持って物乞いをしている姿を思い浮かべることがある。どうやら私と同じような想像をする人は結構多いらしい。どうしてこんなイメージが湧いてくるのかわからない。生まれてこのかた、ずっと不自由なく暮らしてきたのに、それでも不安はなくならない。

大富豪でも、往々にしてお金に関する不安を持ちつづける。うなるほどお金があるのに、いまだにすべてを失う夢を見るという大富豪の記事を読んだことがある。その人にとっては、「これでもう十分」という日は永遠にこないだろう。

何年も前だが、あるB級映画にこんなすばらしい台詞があった。「お金を持っているから安心なんじゃない。お金がなくたって大丈夫だと知ってるから安心なんだ」。だとしたら、私たちの大半が、これまで本当の一文なしになったことがないのが問題なのかもしれない。これも、何かがないことによって大事なことが学べる例だ。

お金に執着しすぎることへの対処法、それは財布のひもをゆるめて人に与えることだ。必要なものがあれば、どんなものでも必ず手に入る道はある、という信念を持って、無理のない範囲で寄付してみよう。ある友人は、支払いをするとき小切手に「ありがとう」と書くという。こういう態度にこそ自由がある。楽しむ自由、自分や他人に投資し、流れの中で創造的な役割を果たす自由だ。

お金を与えることは、もちろんその現実的な金額によって大きな効果を生むが、それよりもっと大事なのは、そうすることによって自分に心の平安がもたらされるということだ。なにも無駄づかいしろと言っているわけではない。バランス感覚を持つこと、それがカギだ。

愛を与える

私にとって〝与える〟とは、すべて愛のことだ。愛の与え方にはいろいろある。たとえば相手を変えようなどとせず、ありのままのその人でいつづけさせることも愛を与えるということだ。

その人が自分の人生に立ち向かえると信じ、その人なりのやり方に任せるのも愛を与えるということ。自分の存在があやうくなるなどと思わず、誰かが学び、成長するのを見守ることも愛を与えるということだ。

あなたはここにあげたような愛を、どのくらい目にしたことがあるだろう？

愛のように思えるものの多くは、じつは愛ではなく「希求」だ。ロロ・メイが著書 *Man's*

Search for Himself（『失われし自己をもとめて』誠信書房）に書いたように、「たいていの場合、愛は依存と混同されている。しかし実際には、人は自分が自立できる割合に応じて、愛することができるのだ」

愛することとは、「与えることができる」ということ。さあ、今こそ与えよう。

「豊かさのノート」をつける

ここまで、感謝、情報、賞賛、時間、お金、そして愛を与えることについて述べてきた。与えるとは、外へ向かう流れ。縮こまり、引きこもっている自分の殻から出て、堂々と両手を大きく広げて立つということだ。これができれば、「心が愛で満たされる」ということが、身にしみてわかるはずだ。

「私は大切な存在だ」と思って何かを与えれば、あなたの与える力はいっそう強化される。でも、他のスキルと同じように、これにもトレーニングが必要だ。あなたの人生はすでに豊かだ。ただ多くの人がそれに気づいていないだけのこと。人生の豊かさを味わうには、まずこのことに気づかなければならない。

そのためのトレーニングに、私が「豊かさのノート」と呼んでいるノートを用いる方法がある。まずきれいなノートを1冊買い、そこに、過去でも現在でも、人生であなたが恵まれていると思うことをどんどん書き出していくのだ。150個になるまでやめてはいけない。もっとみつかる人もいるだろう。もうこれ以上考えられないと思っても、必ず何かみつかるはずだ。人生で恵まれていることに意識を集中しつづけ、どんなに他愛ないことでも、とにかく書き出すことだ。

この書き込みは毎日続けるのがミソ。ぐちばかり書きつらねがちな日記とは違って、「私にはある！」ということばかりを書くノートにするのだ。大きなことでも小さなことでも、ポジティブなことはすべて書く。友だちに褒められたこと、郵便配達員が陽気に挨拶してくれたこと、空がきれいなこと、誰かに何かをしてあげるチャンスがあったこと、髪を切ったこと、スーツを新調したこと、栄養満点の食事のこと……。あなたの身に起きるすばらしいことすべてに気づき、書きとめよう。

これに加えて、「穴ではなく、ドーナツを見よう」という標語を身近に貼って、意識を集中させてはどうだろう。恵まれていることを探しはじめると、そこら中が恵まれていることだらけだと気づく。あなたは恵みに包まれている。すでにあるのに、それに気づいていないことがたくさんある。こんなに恵まれているのに、不足を感じることなどまったくない。

このやり方を実行すれば、すぐにノートは何冊にもなるだろう。しょっちゅう開いて読みかえそう。とくに、何かが欠けているような気がするときには。〝欠けている〟というのは、そんな気がするだけの話だ。これまで私が出会った与えることの達人の何人かは、フローティング・ホスピタルにいた貧しい人たちだった。そういう人たちが、コミュニティの人に何かしたいと思っているのを目にするのは、本当にうれしかった。欠けているとすれば、それはお金やモノではなく、愛なのだ。

私の人生は豊かだ。そして私はかけがえのない存在だ！

あなたがこのことに気づきさえすれば、愛はいつでも生みだすことができる。

「豊かさのノート」に加えて、ポジティブな本を読んだり、やる気やインスピレーションを高めるオーディオを聴いたり、ポジティブなメッセージをくりかえしたりするのもいい。たとえば「私は何かがたりないという不安を追い払い、宇宙の豊かさと繁栄を受け入れる」と自分に言ってみる。お金や、それ以外の何かに不安を感じたときは、いつもこれを唱えればいい。そうすれば心が落ち着いてきて、どんなときも自分の人生は豊かに恵まれているということを思い出せる。

あなたは与える人を目指している。そのことを忘れないようにしよう。「自分は持っている」という事実に気づけば、必ず与えることができる。与える人になれば、もう何も怖れることはない。あなたはパワフルで愛に満ちている。人生の秘訣は、何を得られるかではなく、何を与えられるかだ。この考え方には、想像を絶するパワーがある。

考えてみてほしい。もし人生における目標が与えることだとすれば、だまされることなどあり得ない。誰かがあなたから何かを奪っても、それはあなたの人生の目標をかなえることになる。お礼を言ってもいいほどだ。与える大人として行動すれば、不安は消えていく。あなたは役立つためにこの世に生まれたことに気づくだろう。

ジョージ・バーナード・ショーはこのことを、次のような見事な文章にまとめている。これをくりかえし読めば、ものごとを秩序立てて見すえ、不安を超えて前進する勇気が湧いてくるだろう。そうすれば、あなたはこの世界ですばらしいはたらきをするようになる。

人生で本当に喜ばしいのは、これこそすばらしいと思う目的のために自分が役に立てること。世界が自分の幸せのために骨身を削ってくれないと文句を言いつのる、ちっぽけで利己的な愚か者でいる代わりに、この世の力となって生きることだ。

私の人生は社会のもの。その社会に対して、生あるかぎりできるだけのことをする、それこそ私に与えられた名誉だ。死ぬときはとことんまで使い果たされていたい。働けば働くほど、よりよく生きることになるのだから。

私は人生そのものを喜んで受け入れる。私にとっての人生は、短いロウソクなどではない。それは、しばし掲げ持つことを許された輝かしいたいまつのようなもの。次の世代に手渡すまで、できるかぎり明るく燃えさからせるのだ。

11

潜在パワーを開花させる

ここまで、怖れや不安が気にならなくなるたくさんの方法を紹介してきた。アファメーション、すべてにイエスと言うこと、ポジティブな考え方のこと、責任をとること、必ず成功する決断のこと、愛と信頼を選ぶこと、人のために何かをすること……。こうしたことが力を持つのは、これらが「内なる世界」への道を開くからだ。その場所を開拓すれば、私たちは「完全に満たされた」気持ちになれる。

「高次の自己」と出会う

「内なる世界」には、人によって「高次の自己《ハイヤー・セルフ》」「内部の自己」「超意識」「高次の意識」「自分の中の神」などさまざまな名前がつけられているが、私は「高次の自己」という言葉が気に入っている。怖れや不安、憎しみ、欠乏感、その他のネガティブなことをくよくよ思い悩む次元から、もっとよい次元へ行けるというニュアンスがあるからだ。いらだちや葛藤とは無縁の次元だ。

心理学者の多くが、高次の自己の存在と、それが個人にもたらす多大な影響を確信している。中には高次の自己を「高層心理学」とか「トランスパーソナル心理学」と呼ぶ人もいる。また、教育者や哲学者の中にも高次の自己を研究している人がたくさんいる。

そういう研究によれば、高次の自己は、宇宙に存在する調和のとれた流れを敏感に感じとり、それに合わせるハイレベルの力を持っている。また高次の自己には、創造力、直感、信頼、愛、喜び、インスピレーション、大志、思いやり、寛大さというような、誰もが密かに得たいと思っている崇高な美徳が眠っている。

世の中には「自分の外にある何か」を探し求める人があまりにも多い。私たちの多くは疎外感を、空しさや寂しさを味わっている。何をしても、何を所有しても、満たされない——。空しかったり、寂しくてたまらないのは、あなたが本来進むべき道からはずれている証拠だ。そういうときは針路を修正しなければならない。

進むべき道とは、新しいパートナーを探したり、新しい家や車、仕事などをみつけることではない。私たちが本当に求めているのは、自分の中にある〝神々しさ〟だ。イタリアの心理学者ロベルト・アサジョーリが的確に表現したように、私たちは高次の自己からあまりに離れてしまったとき、「神性へのホームシック」を感じるのだ。

道に迷ったり、針路をはずれていると感じたら、うちへ帰る道を探すために高次の自己に周波数を正せばいい。そうすれば、再びいい気分が戻ってくる。

では、その高次の自己は、今までずっとどこに隠れていたのだろう?

人間の存在を表すのに、よく「体、心、魂」という言い方をするが、現代社会は体と心のことばかり気にかけ、高次の自己を含む魂はおろそかにされてきた。こうしたことについて教えてくれるところはごくまれにしかないのだから、人々が自分についての知的な、あるいは肉体的な問題だけを気にしているのも無理はない。中には、自分の中に魂があることにすら気づいていない人もいる。

また、「スピリチュアル」という言葉を毛嫌いする人も多い。彼らはこの言葉を聞いたとたん、まるっきり耳を貸さなくなる。何かの宗教や神と混同しているのだろう。信仰心のない人にとって、スピリチュアルという言葉は興ざめなのだ。

でも、あなたが宗教を信じていてもいなくても、ここで言う「スピリチュアル」という意味は受け入れてもらえるはずだ。私の言うスピリチュアルとは、高次の自己のこと。そこにはこれまで述べてきたような、愛や優しさ、豊かさ、喜び、その他すべてのすばらしい資質が詰まっている。意識しようがしまいが、あなたの中のスピリチュアルな部分を解放しなければ、あなたはいつまでも満たされない気持ちをかかえたままになる。これは事実だ。

ふだん私たちは、知らず知らずのうちに自分の中のスピリチュアルな部分を活かしている。

誰かのために何かをしたとき、感動のあまり涙ぐんだことはないだろうか？　夕映えの空や花のあまりの美しさに圧倒され、胸がいっぱいになったことは？　誰かのひどい行いを目にしたものの、そのむこうにある痛みがわかっていいとおしい気持ちになったことは？　映画の主人公が苦難を乗り越えたとき、うれしくて泣いてしまったことは？

もしこういうことが一度でもあるなら、そのときあなたの高次の自己がいきいきと解放されていたということだ。「彼女はありがとうと言ったためしがない」とか「彼は自分の履いた汚い靴下を拾わない」とか「どうしてあの人は電話をくれないんだろう？」というような、ささいなことでいっぱいの世界を超え、そのむこうにある美しい世界にふれたということだ。

一人ひとりの高次の自己が、集団としての高次の自己につながったときには、とても貴い世界が見える。オリンピックの閉会式を見て胸が高鳴るとき、世界中の人が他の人々の幸せを願って行動する感動的な瞬間を想像するとき、あなたは集団としての高次の自己の感覚を味わっているのだ。そこから生まれるパワーや愛の強さははかりしれない。

もちろん邪悪な気持ちからもパワーは生まれる。高みに昇ったという感覚が生じることさえある。これと、高次の自己から生まれるものとの違いは、後者の場合このうえない幸福感が得られるという点だ。

高次の自己は本質的に愛にあふれている。ネガティブな次元から生まれたパワーは、「神性へのホームシック」をやわらげてはくれないばかりか、私たちを故郷からますます遠いところへ連れ去ってしまう。だから、一時のパワフルな感覚が去ると、置き去りにされたような寂しさを感じ、怖くなる。

高次の自己がさかんに発揮されているとき、人は集中し、豊かな気持ちになる。豊かさが満ちあふれると言ったほうがいいかもしれない。こんな豊かさを味わえば、不安などひとりでに消えてしまう。

高次の自己は、人生で「奇跡」を起こすときにも活躍する。愛する人が車の下敷きになったとき、とっさに車を持ち上げたとか、誰もが不可能だと言ったことをやってのけたというようなことだ。「どうやったかは覚えてないけど、気づいたらやっていた!」といった言葉をよく聞く。こういうときのパワーは、高次の自己から生まれている。

心の中はどうなっているか

ここで、「自己」についての簡単なモデルをお見せしたい。次ページの図は、決してすべてを網羅したものではない。内にも外にもまだ書き切れない部分がたくさんある。それでも、人生は自分で選びとることができるということを思い出す役には立ってくれる。

前にも述べたように、「心のささやき声」は、私たちをひどくいらだたせる。ここには、生まれてこのかたインプットされてきたネガティブなものごとのすべてが蓄えられている。そこにあるのは子どもっぽいエゴだ。常に注目されていないと気がすまず、与えることを知らないエゴだ。

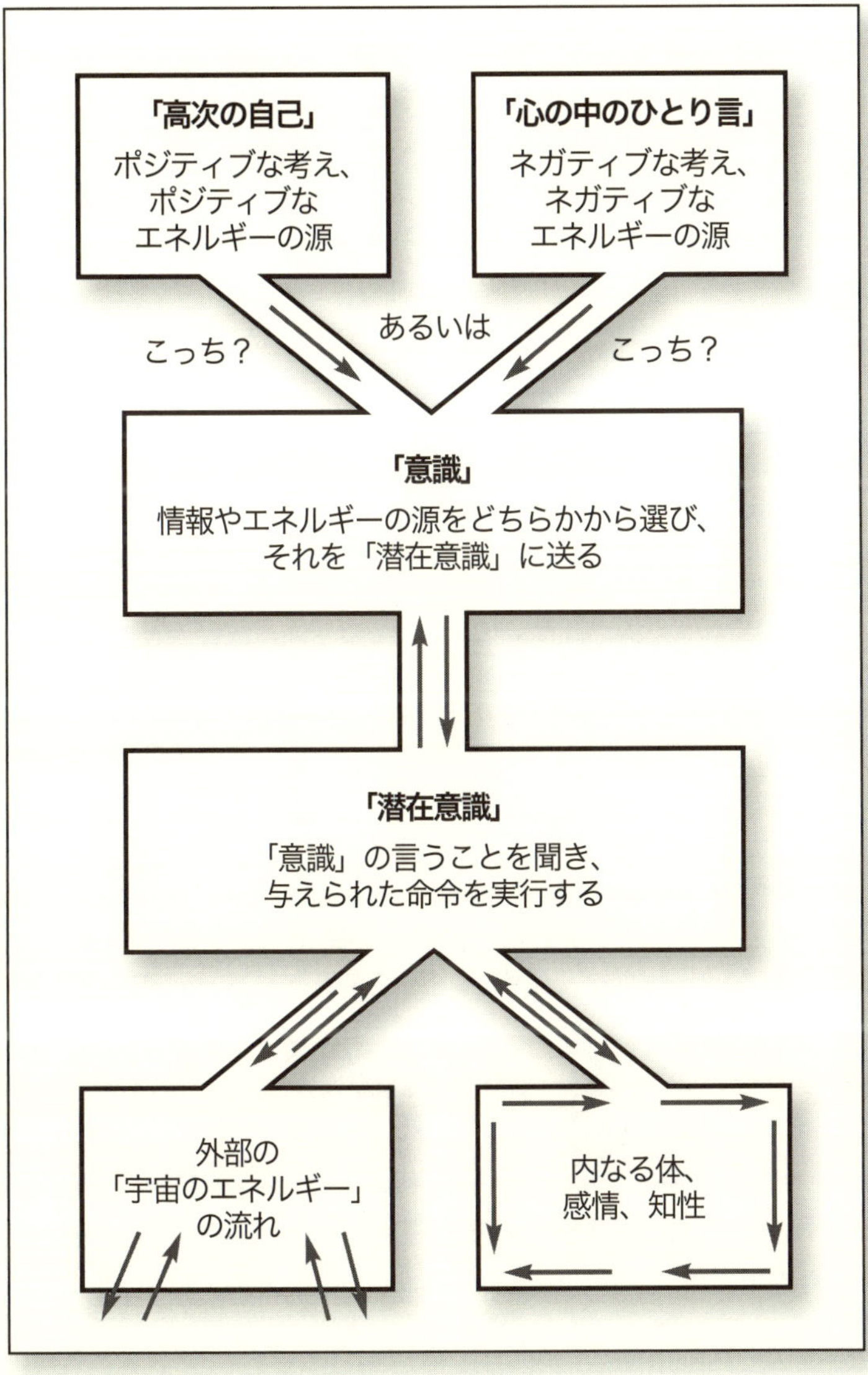
「高次の自己」
ポジティブな考え、
ポジティブな
エネルギーの源
「心の中のひとり言」
ネガティブな考え、
ネガティブな
エネルギーの源
こっち？
あるいは
こっち？
「意識」
情報やエネルギーの源をどちらかから選び、
それを「潜在意識」に送る
「潜在意識」
「意識」の言うことを聞き、
与えられた命令を実行する
外部の
「宇宙のエネルギー」
の流れ
内なる体、
感情、知性

私たちの意識は、高次の自己か心のささやき声のどちらか一方からの情報をもとに、「潜在意識」に指令を出す。このとき高次の自己と心のささやき声のどちらを選ぶかを意識に教えこむことは可能だ。

潜在意識はいわば膨大な情報の貯蔵庫だ。また「ユニバーサル（宇宙）エネルギー」を自由自在に使うことができる。

さらにはコンピュータのように、情報を分類したりみつけたりもする。たとえば、誰かの名前をど忘れしてしまったようなとき、何かの拍子に、突然ふっと思い出したりする。そういうとき潜在意識がはたらいているのだ。

潜在意識は意識から命令を受けていて、それ自体は疑問を持つことも判断することもない。善悪の区別も、健全か不健全かの区別もつかない。5章で紹介した、腕を使った実験を思い出してほしい。「私は強くて価値のある人間だ」と言うと、腕は強くなって動かせない。「私は弱くて価値のない人間だ」と言うと力が抜け、簡単に押し下げることができる。潜在意識は意識に言われたことを、本当だろうが嘘だろうが関係なく、そのまま信じこむ。あなた自身がそれを信じているかどうかさえ関係ないのだ。

255ページの図が示しているのは、あなたの心は、ネガティブなことばかりしゃべる

「心のささやき声」の言うことを聞くこともできるし、自分を肯定し、愛や思いやりや豊かさにあふれた「高次の自己」の言うことを聞くこともできるということだ。言うまでもなく、この本で紹介した考え方やエクササイズはどれも、「ささやき声」の貧しさにではなく、「高次の自己」の豊かさに意識が波長を合わせることを目的にしたものだ。

たいていの場合、意識は「ささやき声」によって動かされていることに気づいていない。たとえ気づいていたとしても、「ささやき声」の言うことを聞くのにあまりにも慣れてしまい、日々の生活の中で高次の自己の言うことを聞くのをすっかり忘れている。だからこそ、常にそれを思い出させるために、アファメーションやポジティブな考え方、CDや本や標語、その他役に立つものならなんでも使って、「ささやき声」の言うことは聞かなくていいということを意識に叩きこんでやらなければならないのだ。

高次の自己と同じように、心のささやき声も常にそこにある。これからもけっしてなくならない。だからときどきひょっこり顔を出しても嘆くことはない。大切なのは、心の中にそういう声があるということ、そして、同時に高次の自己などほかのものもあると気づくことだ。

もし「ささやき声」の言うことを聞けば、人生は恐怖に満ちたものになり、あなたは成長を止めてしまうだろう。高次の自己の言うことを聞けば、喜びと豊かさに満ち、不安のない人生経験ができるようになる。たぶんあなたも、ほかの人と同じように「ささやき声」を聞く達人のはずだが、これからは、高次の自己の言うことを聞く達人を目指してほしい。

宇宙のエネルギーを味方にする

意識が高次の自己の言葉を聞いて動くとき、どうしてポジティブなことがたくさん起きるのだろうか？　そして、「心のささやき声」を聞いて動くと、なぜその逆のことが起きるのだろうか？

それは、意識の命令を受けると、潜在意識が、体、感情、知性のすべてを総動員して、その命令を実行に移そうとするからだ。「私は弱くて価値のない人間だ」という言葉を聞けば、潜在意識は体を動員して肉体を弱くする。感情にそれを伝えて落ちこませ、無力感を生じさせる。頭脳に伝えて馬鹿な考えを起こさせる。そのうえあなたをネガティブなエネルギーで満たす。逆に、潜在意識が「私は強くて価値ある人間だ」という言葉を聞くと、体を動員して肉体を強くする。感情に伝えて自信を持たせ、活気を感じさせる。頭脳に伝えて明晰にさせる。そのうえポジティブなエネルギーであなたを満たす。

潜在意識はさらに、外部の「ユニバーサル（宇宙）エネルギー」まで動員する。意識から来た命令を実行するとき、潜在意識のエネルギーはユニバーサルエネルギーと結びつくのだ。

このエネルギーはあなたの注文を正確に実現できる。「私は弱くて価値のない人間だ」とインプットすれば、宇宙は潜在意識の言うことを聞き入れて、ありとあらゆるネガティブなことを実行する。みんながあなたを踏みつけにする。あなたの願いはひとつもかなわない。何もかもがあなたの行く手を邪魔するが、自分にはそれをはねのける力はないと感じる。

反対に、「私は強くて価値ある人間だ」とインプットすれば、宇宙はありとあらゆるポジティブなことを実行する。みんながあなたの強さに一目置き、正当に扱う。あなたはありとあらゆるすばらしいことを実現する。何か障害があってもちゃんと取り除く方法をみつけるので、行く手を邪魔するものはない。

ここで大事なのは、潜在意識が善悪の判断をしないのと同じように、ユニバーサルエネルギーもまた、判断をしないということだ。

ユニバーサルエネルギーについては、形而上学者たちも論じているが、そのうちのひとつが「引き寄せの法則」だ。「類は友を呼ぶ」と言ったほうがピンとくるだろうか。あなたがネガティブなエネルギーを発すると、ネガティブなエネルギーが引き寄せられ、ポジティブなエネルギーを発すると、ポジティブなエネルギーが引き寄せられるということだ。こう考えると、どうしてポジティブな考えだけを発信するように心を鍛えなければならないかがよりはっきりする。

ユニバーサルエネルギーという考え方を受け入れられない人もいると思う。これを信じなければ高次の自己に触れられないというわけではない。しかし、自分が自分よりずっと大きな何かとつながっていることを感じられれば、「たったひとりで行動しなければならない」とは思わなくなる。自分にはパワーがあるという感覚が強まり、不安もぐっと軽くなるだろう。ユニバーサルエネルギーを味方につけたあなたは、自分だけでなく、宇宙全体の力を信じればいい。あてにできるものが2倍になるのだ。

直感に耳をかたむける

あなたが何を探しているかを伝えるために、潜在意識が使うもののひとつが〝直感〟だ。なんだかわからないがなんとなくメッセージを感じるとき、それは潜在意識があなたに、「おい、わかったぞ!」と言っているのだ。

一度でも直感の力を感じたことのある人は、私たちが耳をかたむけさえすれば、何かが私たちのために働いてくれるのを否定できないはずだ。

直感は常に私たちのために働いている。しかし私たちがそれに従って行動することはあまりない。

私の場合は、頭に降りてくるメッセージに意識的に従ってみようと思いはじめたときから、奇妙な「偶然」が起こりだした。私が怖れや不安をテーマにした講座を始めたのも、じつは直感に従った結果だった。当時私は、いつかはこうしたことについて教えたいと漠然と思っていたが、具体的な計画は先送りしたままだった。ほかのことであまりに忙しくて講座の概略を書く時間もなかったし、そんな講座を開いてほしいという学校を探す暇もなかった。

だがある日、デスクで仕事をしていると、強いメッセージが頭に降りてきた。それは「ニュースクールに行け」と言っていた。どうしてこんなメッセージが降りてきたのか、まったくわからなかった。それまでニュースクールには行ったことがなかったし、そこの誰かを知っているわけでもなかった。どこにあるのかすら知らなかった。

でもなんとなく気になったので、行ってみることにした。秘書に、これからニュースクールに行くと言うと、何をしに行くのかと訊かれた。「わからないわ！」。彼女はキツネにつまれたような顔をして、出て行く私を見ていた。

タクシーを拾って、ニュースクールの真ん前で降ろしてもらった。ロビーに入った私は、「さてと、どうすればいい？」と自分に訊いた。掲示板を見た。いくつもの部署名が書かれていたが、「人間関係学部」という文字に目が釘づけになった。「行くべきところはここだ」。そのとき思ったのは、たぶん私はこの学校が開催しているワークショップに「送りこまれた」のだろうということ。当時の私はとりつかれたようにいろんなワークショップに参加していたからだ。

「人間関係学部」と書かれたドアをみつけて、中へ入った。受付には誰もいない。中をのぞくと、女性がひとりデスクに座っているのが見えた。彼女が「何かご用ですか？」と訊いた。その瞬間、私はとっさに「不安を克服する講座を教えに来たんです」と言っていた。

　これには驚いた。知らないうちに、私は学部長のルース・ヴァン・ドーレンと話をしていたのだ。彼女はびっくりして穴の開くほど私をみつめ、それからこう言った。「信じられないわ！　どこかにそういうテーマで教えてくれる人がいないかとあちこち探しまわったのに、これまでひとりもみつからなかったんですよ。そして今日がその締切日。今日中に入学案内の原稿を入れなきゃならなかったのよ」

　彼女は私がどんな資格を持っているかを尋ね、私の答えに満足してくれた。それから、もうすぐ出かけなければならないので、急いで科目説明と講座のタイトルを書いてくれないかと言った。私は書いた。彼女はそれを秘書に渡すと、何度もありがとうと言いながらオフィスを駆け出していった。

　彼女が行ってしまってから、私は呆然とその場に立ちつくした。今日この場で講座の提案をするなどとは、まったく思ってもいなかった。それに、仕上げるのに何ヶ月もかかるだろうと思っていた仕事が、きっかり12分で片づいてしまった！

学部長は何かを求めていて、私も何かを求めていた。そして宇宙が私たちを引き合わせた。いったいどうしてこういうことが起きるのか、それは私にもわからない。わかっているのは、現実にそういうことが起きる、ということだけだ。

驚くべきことは、もし私が意識して理づめで考えていたら、まず間違いなくニュースクールには足も向けなかっただろうということだ。アプローチするとしたら、学部時代に通ったハンター・カレッジか、大学院で学位をとったコロンビア大学だっただろう。どちらにもたくさん知り合いがいる。合理的に考えれば、ニュースクールという名前など思いつくはずもなかった。

結果的に、この講座が私の人生の転機になったことは特筆しておきたい。そこでの経験がすばらしくポジティブで、「これだ！」と思えたからこそ、10年間勤めた職を去り、教育者、そして作家として生きていくことに決めたのだ。

調和のとれた流れに身を置く

直感については、これよりもっとドラマチックな話を聞いたことがあると思う。それによって奇跡的に命が助かったり、信じられない確率で誰かが誰かと出会ったり……。ここで大事なのは、潜在意識のメッセージに耳をかたむけさえすれば、誰でも直感のパワーを利用できるということだ。おそらく直感は、私たちがまるで気づかないうちに出す指令に従っている。私たち自身はそれをすっかり忘れてしまっても、潜在意識はけっして忘れない。むしろ、意識がそこから離れたときのほうが、邪魔されずにうまく機能する。いいアイデアのほとんどが、リラックスしている最中や、解かなければならない問題とは別のことをやっているときに湧いてくるのはそういうわけだ。

だからまずは、聞こえてくる声に耳をかたむけ、そのとおりに動いてみよう。もし心が「誰それに電話しろ」と言っていると思ったら電話してみよう。「あそこへ行け」と言われたら、その場所へ行ってみる。「あっちへ行け」と言われたら、あっちへ行ってみよう。

最初のうちは、その声が直感から来ているのか、それとも「心のささやき声」なのか見分けがつかないかもしれない。でもともかく、まずはそれに従ってみること。そうすればすぐにその違いがわかるようになる。

今や私は、心に浮かぶ一見脱線したように思えるアイデアのほとんどに従うようになったが、そうすることによって引き起こされたことを考えると、本当に驚く。*Embracing Uncertainty*という自著では、まるまる1章を割いて、私たちの中にある直感的なパワーをいかに伸ばすかについて説明した。1冊まるごと、直感を発達させることについて書いた本もある。これは間違いなく、研究しがいのある分野だ。

私は潜在意識を信頼しきっているので、何か問題が起きたときも、「潜在意識に頼んで解決策をみつけてもらいましょう」と言い、心配したり考えたりするのをやめてしまう。するとどういうわけか、まったく努力もせずらくらくと解決策が現れる。とくに効果があるのは夜寝る前。何も考えず、すべてをゆだねる。こうすればたぶん今までよりよく眠れるはずだ。

イライラしているときは、高次の自己の豊かさに心を開くことができない。左上の図のように自分を調整する、あるいはバランスをとることによって、自分が調和のとれた流れの中にいるのがわかるようになる。

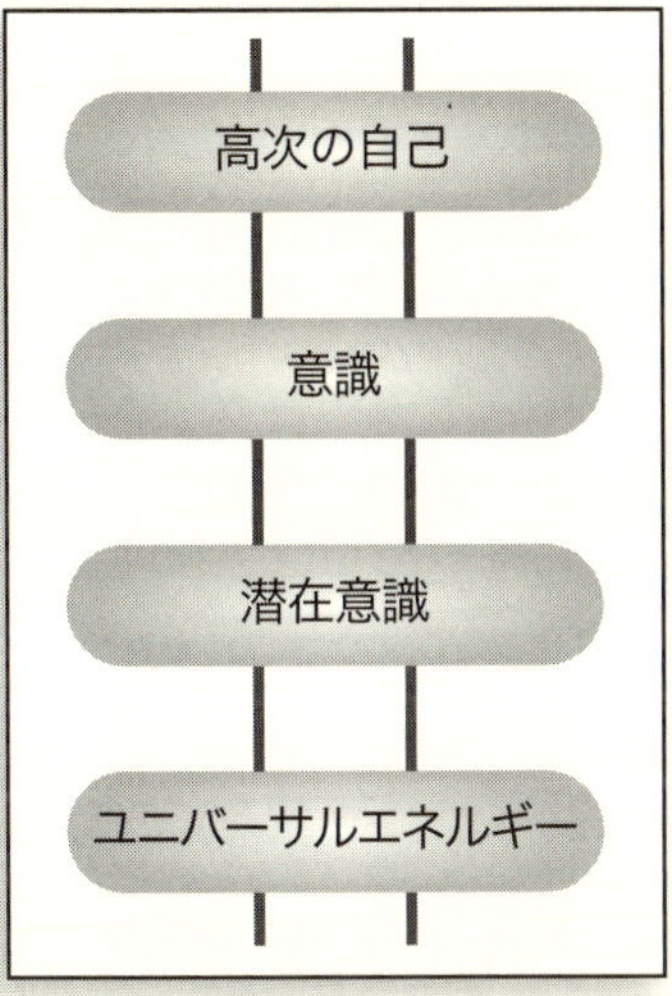

バランスのとれた状態にいるなら、怖がることは何もない。あなたはパワーの源にふれている。問題はない。

起きていることはすべて正しい

でも、気持ちが動転しているときなどは、どうやってバランスをとればいいのだろう。

もし何かに動揺しているとき、たとえば、どうしてもある仕事につきたいというようなとき、たいていの人は不安を募らせはじめる。もし今その仕事につけなければ、自分の周りの世界が崩れ落ちるような気さえする。「心のささやき声」が頭の中を占領し、これしか仕事はない、この仕事につけなければもう生きる術はないと信じこませ、気も狂わんばかりになる。「ささやき声」はあなたのバランスを失わせる。

そういうときこそ、この本で紹介したテクニックを使ってみよう。

まず、ポジティブなメッセージを唱える。

そして、「苦痛からパワーへ」向かう言葉を、目に入る場所に貼る。

気持ちが落ち着く美しい音楽、瞑想などのCDをかける。

あなたは、自分の中に潜むパワーの源にふれる。それはあなた自身の中にあり、そこから見ると、世界は安全で、あなたを育て導いてくれる場所だと思える。

ポジティブに考えることは、ネガティブに考えるのと同じように現実的だということを忘れてはいけない。「腕の実験」を思い出そう。自分に対してポジティブに語りかければ、はじめは信じられないとしても、確実に効き目がある。

たとえば、こんなふうに自分に言おう。

「この仕事が私の人生のすべてではない。もしこの仕事につけなければ、それはこの仕事が私にとってベストではないからだ。もし私がこの仕事につくべきなら、必ず私のものになるはずだ。だから今はリラックスして、潜在意識と宇宙のエネルギーにまかせることだ。答えはすべて私の中にある。起きていることはすべて正しい。怖れることは何もない」
語りかけながら、体をリラックスさせる。十分な時間をかけて続ければ、身も心もリラックスして温かくなる。いつのまにか自分が安心しているのに気づくはずだ。ポジティブな言葉の一つひとつが、磁石のようにあなたをバランスのとれた状態に、そしてパワーの源泉へと近づけてくれる。もう大丈夫、結果は放っておけばいい。怖れることは何もないのだ。

最初のうちは、バランスのとれた状態に戻るのに少し時間がかかるかもしれないが、なるべく静かな場所をみつけ、気分がほぐれるまで好きなだけそこに座っているといい。

心を落ち着かせる音楽などを流すと、より早くバランスのとれた状態になれる。ムードを高め、騒音をシャットアウトするだけでなく、そういう音楽をかければすぐにリラックスし、パワーを感じられるようにもなる。

悩みが仕事のことではなく、恋愛のことだったら、こう言おう。

「この女性（あるいは男性）は私の人生のすべてではない。もし私たちが一緒になるべきだとすれば、必ずそうなるだろう。そうでないとすれば、それを受け入れるだけだ。潜在意識と宇宙のエネルギーが、私に完璧な恋愛をもたらしてくれる。起きることはすべて正しい。すべてをまかせよう。私の人生は満たされている。私の人生は豊かだ。怖れることは何もない」

結婚して間もないころ、私たちはふたりにぴったりの素敵な家をみつけた。値段は予算以上だったが入札してみた。私はどうしてもその家が欲しくなった。すると「ささやき声」がおしゃべりを始めた。「頭金なんて絶対準備できっこない。今ある財産を売ってしまったら、ほかの支払いができなくなる。それに、突然お金が必要になったらどうする？　たしかにこんな素敵な家はきっともうみつからない。でも、どうやって資金を手に入れる？」

私はすぐに静かな場所に座って、自分に語りかけた。

「この家は私の人生のすべてではない。もしこれが私たちのものになるべきなら、お金は苦もなく私たちのもとにやってくるだろう。もしこれが私たちのものになるべきでないのなら、これよりもっと素敵な別の家が手に入るだろう。必要な答えをくれるように、私は潜在意識にすべてをゆだねる。起きていることはすべて正しい。怖れることは何もない」

するとこだわりはきれいに消え去り、静かなぬくもりに包まれた。

うっかり「ささやき声」の言うことを聞きそうになるたびに、私は安全で静かなところに帰るよう心がけた。結局、その家は私たちのものになるべきものだった。そのための資金が苦もなく手に入ったからだ。宇宙を信頼することによって、私は、その家を買うために必要なものをすべて自分に引き寄せているのを感じた。

そして私はこう確信した。

誰もが求める喜びや満足、安心、つながりなどを感じるには、常に自分の中のスピリチュアルな部分に注意していなければならない。

注意を怠っていると、「ささやき声」のせいで意識のコントロールがきかなくなってしまうことがあるからだ。

「高次の自己」のある人生

だが、そういう精神状態を保つにはトレーニングが必要だ。ここでちょっと話を戻して、190ページの「人生のすべて」の図を見てほしい。そしてこの図の9つのエリアのひとつを、常に「高次の自己」にあててみるのだ。毎日静かなひとときを過ごし、高次の自己に集中する。そのときには、インスピレーションを高める音楽、瞑想、その他あなたに効果があるものを使おう。

いちばんいい時間帯は、これから1日のすべてが始まる朝だ。夜寝る前にも高次の自己の枠に意識を集中させよう。高次の自己に、その日ぶつかった問題の答えをみつけるように指示するのもいい。

図の中の高次の自己のエリアは、ほかのエリアのすべてにポジティブな影響を与える性質を持っているという点で、ほかのエリアとは違う。どこへ行って何をするにしても、ささいスピリチュアリティのある「人生のすべて」

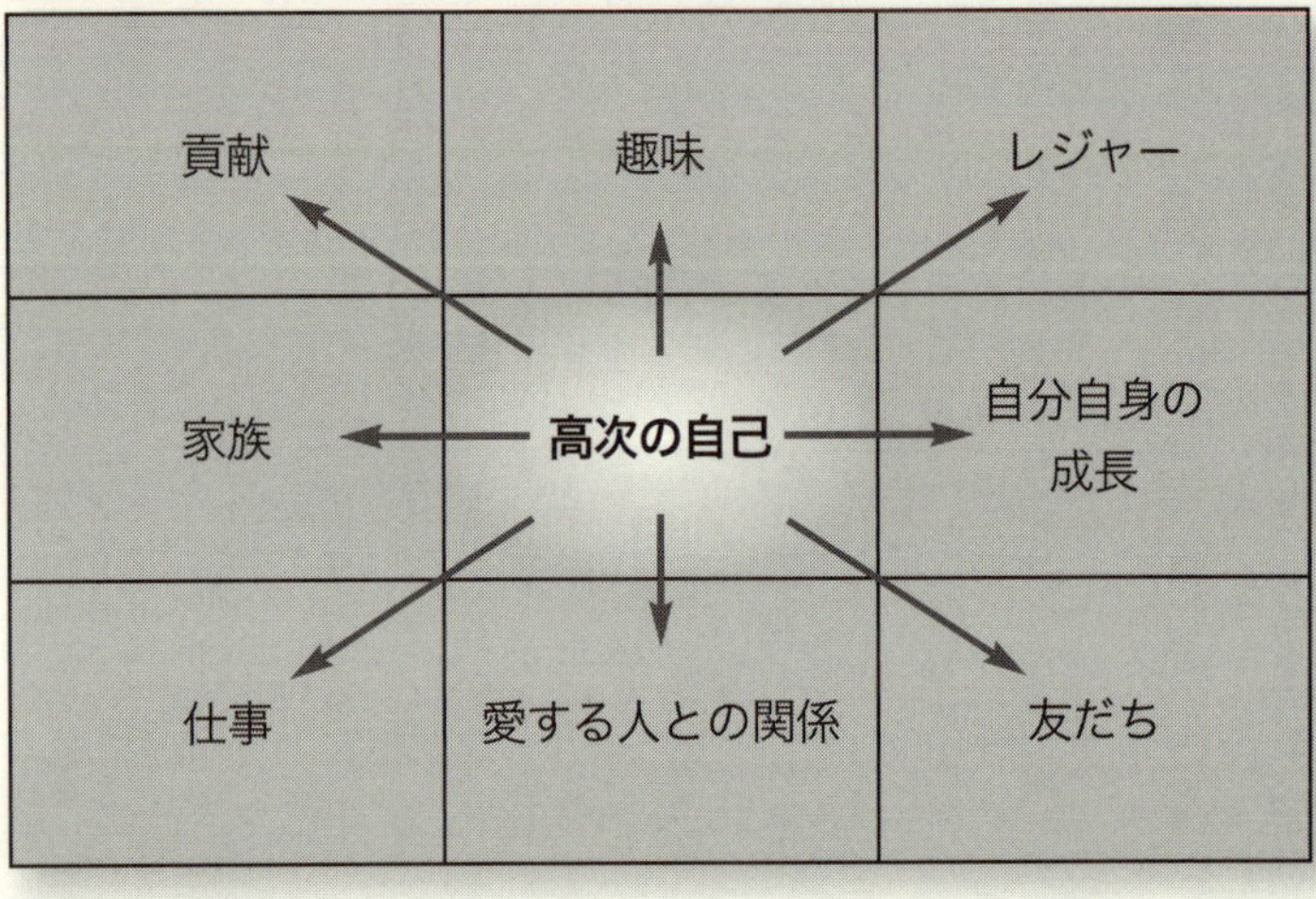

なことにわずらわされることなく、スピリチュアルなエリアから質を高めていこう。家族、仕事、貢献、友だち、個人としての成長というような、あなたが世界と関わるすべてにおいて――。

これを図で示すと、上のようになる。

スピリチュアリティが高まり、そこから流れ出すポジティブで愛にあふれたエネルギーが、すべてのエリアにおよんでいく。すでにスピリチュアルな自分をみつけた人なら、私の言っている意味がよくわかるはずだ。まだみつけていない人は、これから特別な楽しみが待っている。

調和を保つのに役立つのは「貢献」のエリアだ。集団としての高次の自己に突き動かされて、より大きなエネルギーに関わるとき、あなたにパワーが注ぎこまれる。そういうとき、人は心の底から信念を持って何かに貢献できる。だからこのエリアも、常に図のどこかに置いておこう。自分には与えてあげられるものなどひとつもないと思うときにも、本当はたくさんあることを思い出させてくれる。信じていようがいまいが、「あたかもそうであるフリをする」のは、いつでも効果があることを思い出そう。

精神世界に興味があるなら……

この本の目的は、スピリチュアルな世界を説明することではない。でも、この分野に関心を持ってもらえたらうれしい。

マイケル・C・ランとエリザベス・ラン・アロットの書いた*Shortcut to a Miracle*はお勧めだ。彼らは形而上学者だ。「形而上学」という単語を見てゲッソリしないでほしい。これは単に、自然科学を超えた研究というだけの意味だ。形而上学の法則はとてもわかりやすいし、世界がどんなふうに動くのかといった疑問の多くを解明してくれる。

ユングやロベルト・アサジョーリの考え方も学ぶ価値がある。どちらもトランスパーソナル心理学の偉大な思想家だ。アサジョーリは、自己統合と自己実現のモデル「サイコシンセシス（精神総合）」の創始者でもある。サイコシンセシスはさまざまなテクニックを駆使して、私たちを過去のしばりから解き放ち、心の中の葛藤（たとえば、「誰かに面倒をみてもらいたい」という気持ちと「完全に自立したい」という気持ちの間で揺れ動くなど）を解決し、愛にあふれたクリエイティブなパワーを呼び覚ましてくれる。

サイコシンセシスなどを実践する精神科医がよく使うものに「ガイド・ビジュアライゼーション（誘導された視覚化）」がある。これは、高次の自己に簡単にふれられる効果的な方法のひとつだ。これについてもすばらしい本がたくさんあるが、ガイド・ビジュアライゼーションのパワーを本当に知るには、やはり実際に体験してみるのがいちばんだ。そのためには、ワークショップに参加したり、オーディオを購入するのがよいだろう。本を読むのと実際に体験するのとでは大違いだ。

ガイド・ビジュアライゼーションとは、ごく簡単に言えば、目を閉じ、体をリラックスさせ、あなたに指示を与える人の言うことを聞くこと。つまり、高次の自己の言うことを聞いていればそうなっているはずの人生を、想像力を使って見るということだ。

もし不安でたまらないとすれば、それはあなたが「心のささやき声」に接続している証拠。そういうときは恐ろしいことばかりを想像してしまうが、ガイド・ビジュアライゼーションを使えば、しばしの間「ささやき声」を脇へ追いやり、これまで見たことも感じたこともないイメージを思い浮かべるすべが学べる。そのイメージがあまりにすばらしくて、感動のあまり泣いてしまうこともよくある。人によってはネガティブなイメージが浮かんでくることもあるが、それも大事なこと。心の底で本当はわかっているのに、あなたがずっと認めようとしなかった本質であることが多いからだ。

ガイド・ビジュアライゼーションの関連書に書かれたビジュアライゼーションを、声に出して読んで録音するのも効果的だ。できるだけやわらかく落ち着いた声で読むこと。ほかの人が読んだ録音を聞けば、センテンスとセンテンスの間にどのくらいの間をおけば最大の効果を上げられるかが、感覚的につかめるだろう。

視覚的なイメージを思い浮かべるのが苦手な人には、ガイド・ビジュアライゼーションは効果がない。だがもしあなたがそういうタイプでも、心配はいらない。ほかのツールを使って、高次の自己につながる道を探せばいい。

ビジュアライゼーションを試す

次にあげるのは、ガイド・ビジュアライゼーションを短くした例で、私が授業などで使っているものだ。

座り心地のいい椅子に座りましょう。背筋を伸ばして、足の裏は床にちゃんと着くように。手はゆったりと膝の上に置きます。

私の指示をよく聞いて、心に思い浮かぶことを、なんでも自由に思い浮かべましょう。イメージに正しいも間違っているもありません。心に浮かんでくることそのままを受けとめましょう。

さあ、それでは目をつぶって。ビジュアライゼーションの間はずっと目を閉じていましょう。

大きく深呼吸しましょう。

宇宙の愛に満ちたエネルギーを吸いこみます。

息を吐いて、あなたの愛のすべてを宇宙へと吐きだしましょう。

もう一度……吸って……吐いて……もう一度……吸って……吐いて。

では、完全にリラックスした、いい気分を感じてみましょう。頭の先から始めて、足の先へと降りていきます。

力を抜いて。筋肉をぜんぶゆるめて……眉間です……頬です……口……首……肩……

背中……両腕……両手……胸……おなか……お尻……脚……。

すっかり力を抜きましょう。

まだどこか緊張しているところはありませんか?

すっかり力を抜きましょう……。


さあそれでは、あなたの人生の目的について考えてください。特別な目的です。

怖れが、そこへたどり着くのを邪魔していますね。

それでは、その目的に、まるで不安なんかまったくないかのように近づいている自分を想像してください。

あなたがパワーと自信を持って目的に近づいているところをイメージしてください。

絶対に大丈夫、あなたには自信があります。

不安はまったくありません。そうしたら、あなたは何をしますか?

自分をイメージして……。

次は何をしましょう?　不安はまったくありません。

あなたの周りの人たちをイメージしてみましょう。みんなは不安のないあなたにどう接していますか?

あなたとどう関わっていますか?
自分にパワーがある感覚を楽しんでください。そして愛せることに気づいてください。
誰かに何かをしてあげられることに……。
この感覚はいつもあなたの中にあります。いつもあなたの一部なのです。
あなたはこのパワーと自信を持って、いつでも前進できます。
自分の姿を想像しましょう。今あなたは目標を実現しました。あなた自身のパワーと、
自信と、愛と、貢献で、目的を実現したのです。
それではゆっくりと、この部屋に戻ってきてください。

パワーはあなたの中にあります。周りの音を聞いて、さあ、準備はいいですか……。
ゆっくり目を開きますよ。準備が整ったら、ゆっくり目を開けてください。
伸びをしましょう。そしてすばらしいあなたのパワーを味わいましょう。
あなたの中にはいつもこのパワーがあって、いつでも使えるのです。

これを、自分かおだやかな声の人に頼んで録音しよう。さまざまなシーンの細かいところまで想像し、そのときの感覚まで味わえるよう、指示と指示の間には十分な間隔をとること。

私の授業でもビジュアライゼーションに波長を合わせられた人は、大きな効果をあげた。不安のない世界というのがどういうものか初めてわかったという人もいる。不安を感じなくなったあとに残ったのは、豊かな愛だけだと報告してくれた人もいる。世界がどんなに美しいかに驚き、周りの人々に何かしてあげたくてたまらなくなると言う人もいる。

不安のない世界がどんなふうかわからないと、そこへ行く道をみつけるのは難しい。だが一度そのイメージが見えてしまえば、道のりははるかにらくになる。高次の自己に自分の波長が合っているときと、そうでないときがわかるようになる。

「正しい」ことより「感じる」ことを大切に

ここまでたくさんの方法を紹介してきたが、これを使って効果をあげるためには、あなたがそれを心から信頼しなければならない。

私はよく、「あなたが本当のことを教えているということを証明してほしい」と言われる。そういうとき私に言えるのは、世の中には証明できないこともあるということだけだ。少なくとも、今のところは。

高次の自己があるということは証明できない。

私たちをいやし、成長させてくれるすばらしいエネルギーの源と私たちがつながっていることも証明できない。

潜在意識が、心の中でも外でも「奇跡」を起こす力があることも証明できない。

ここで紹介した方法が、絶対に効果があることも証明できない。

でも――。生きていくうえでこれらを使うと、人生が変わり、この世で経験するすべてのことを心から愛せるようになることはわかっている。

私には正しいと証明することはできないが、私が間違っていると証明することも誰にもできないのだ。

ヒュー・プレイザーは著書 *There Is a Place Where You Are Not Alone* の中でこう書いている。

幸せでいられるときに、なぜ正しくありたいと思うのだろう、
正しいことを証明する方法などないのに。

心のささやき声と高次の自己の両方を見てきた私は、だんぜん「幸せでいる」ほうを選ぶ。もっと心を大きく開いて、より多くの愛や喜び、創造力、満足、平和で満たされる努力をしたい。それが私の人生の目的だ。私はそのゴールに向かって、この本で紹介したやり方で、

はるかな距離を旅してきた。

　これからもずっと旅をつづけるつもりだ。その途中で、あなたにも出会うことになるだろう。もしまだ出会っていないとしても——。

選ぶのは、あなた自身

「心のささやき声」に従うとき私は……	「高次の自己」に従うとき私は……
コントロールしようとする	信頼する
恵まれていることに気づかない	感謝する
満たされない	愛する
思いやりがない	思いやる
動揺している	おだやかだ
八方ふさがり	創造力があふれる
自分を大切な存在だとは思わない	自分は大切な存在だと感じる
拒絶する	惹きつける
やることがマイナスにはたらく	やることがプラスにはたらく
奪う	与え、授かる
退屈だ	打ちこむものがある
空っぽだ	満たされている
自信がない	自信がある

不満だ
視野が狭い
待ちつづけている
無力だ
ぜんぜん楽しくない
がっかりしている
恨みをかかえている
緊張している
ロボットだ
人生があっというまに過ぎ去る
弱い
傷つきやすい
道をはずれている
支配しようとする
貧しい
孤独だ
不安だ

満足だ
大局が見える
今を生きている
役に立てる
楽しくてしかたがない
あるがままに任せる
許す
リラックスしている
いきいきしている
年をとるのが楽しい
強い
守られている
正しい道を歩んでいる
そのままにしておく
多くのものを持っている
みんなとつながっている
ワクワクしている

12

新しい自分と出会う旅

今、あなたはありとあらゆる情報を手にした。不安を前にしたとき、どうすればパワフルになれるか、その方法はもうよくわかった。

以下は、次の段階に旅を進めるあなたへの、私からのはなむけの言葉だ。

あせらないでも必ず前進する

これからはいつでも、これまで話してきた励ましや、やる気を持続するための方法があなたの手元にある。針路をそれているような気がするときや、外からの力に打ちのめされたとき、いつでも好きな場所を開いて読み直してほしい。それから、ここで紹介したエクササイズを使って前向きにトレーニングしてほしい。

歩みを進めるときにいちばんはまりがちな落とし穴が、あせりだ。あせったりいらだったりすると、自分を罰することになってしまうことを思い出してほしい。あせりはストレスや不満や不安のもとをつくる。

心のささやき声があなたをあせらせようとしたら、自分にこう言おう。「急ぐ必要なんかない。今起きていることはすべて正しい。心配しないでいい。前進する準備が整えば、必ず前進する。今私はすべてを受け入れ、学んでいるところなのだ」

自分の中にある潜在的なパワーに目覚めると、つい「今すぐ」すべてをつかみとりたくなってしまう。でも、つかもうとすればするほど、それはするりと指の間をすり抜けていく。てっとり早い方法などない。セミナーやワークショップや本、オーディオなどはあるが、ノウハウを一朝一夕に自分のものにすることはできない。生涯かけて身につけなければならないのだ。

息子がまだ小さかったころ、植木鉢に花の種を蒔きながら、「このちっちゃな種からすぐにきれいなお花が咲くんだよ」と息子に教えたことがある。そのあと私は、植木鉢と息子をそこに残して、何か別のことをやりにその場を離れた。

ずいぶんたってから息子の部屋をのぞいてみると、息子は植木鉢の真ん前に椅子を置いて座り、鉢をじっとみつめていた。何してるの？　と訊くと、「お花が咲くのを待ってるの」と答えた。私の説明がたりなかったのだ。あなたには息子と同じことをしないでいてほしい。

こんなにがんばっているのに何も身についていない、と落ちこむようなときにこそ、じつは私たちの内側で大きな変化が起きていることが多い。それがわかるのはずっとあとになってからだ。息子も、結局は花を手に入れた。ある朝、目を覚ますと、見事に咲いていたのだ。何も起きていないように見えていたけれど、そうではなかった。あなたの場合も同じことだ。

人は一生学びつづける

消えかかった焚き火に薪を一本投げ入れて、そのまま本を読みつづけていたことがある。ときどき目を上げて見たが、煙さえ立ちのぼらず、炎がおきる気配はまるでなかった。だが、消えてしまったのかと思ったころ、突然、薪の周りで炎がはじけ、めらめらと燃えあがった。辛抱というのは、いつか必ずそれが起きると信じて、それまで時間を与えて待つということだ。大事なのは信頼、起きていることはすべて完璧だと信じることだ。

「完璧」とはどういう意味か?

私は、人生で経験することには、2種類しかないと思っている。ひとつは「高次の自己」から生まれるもの、もうひとつは私たちに何かを教えるものだ。たいていの場合、前者は喜びそのもの、後者は苦難だと思われている。でも、じつは両方とも完璧なのだ。苦労に直面すれば、そのたびに、自分にはまだ学んでいないことがあり、宇宙が私たちに学びの機会を与えてくれていることがわかる。それを心にとめながら苦しい経験を経れば、私たちはもうその事態の「被害者」ではなくなり、自分に「イエス」と言えるようになる。だから、人生でどんなことが起きようと、起きているすべては完璧なのだ。

人生とは常に学びつづけるものだということを忘れなければ、まだ何かを達成していないと言って不満がることもない。この数年間の経験から、私は人生における楽しみの多くは、その謎を解き明かす挑戦にあると思うようになった。ジグソーパズルのピースがぴたりとはまるように、自分や宇宙について新たに何かを発見し、突破口が開ける瞬間ほどうれしいことはない。発見の喜びは、一度味わったら忘れられない。

人生の旅路は山登りと似ている

挑戦とは、高次の自己の示す道を歩きつづけること。この道は、ほかの道よりずっと楽しいことと請け合いだ。針路が正しいかどうかは、自分がどう感じているかでわかる。自分の感覚を信じよう。もしあなたの行く道に、喜び、満足、創造力、愛、思いやりを感じないなら、その道は行くべき道ではない。そういうときは自分にこう言おう。「この道を試してみたけど、どうもこれじゃないらしい。さて、次はどの道にしよう?」

表面を変えれば内面まで変えられる、などと考えて自分をあざむいてはいけない。本当に起きることはその逆だ。変えなければならない道は、あなたの心の中にある。

この「旅路」は、山登りに似ている。山を登るのはたいへんだが、足をとめてあたりを見まわすたびに、見晴らしはどんどんよくなっていく。より遠くまで見渡せるようになるにつれて、景色の「欠点」は見えなくなる。さらに高みに登ると、下界の重苦しさとは無縁になる。自分が軽くなったような気がする。自由になった気がする。美しさを増す景色にかりたてられ、もっともっと高みを極めたくなる。

見晴らしのいいこの場所で、あなたはいつもより思いやり深く優しくなる。この高みにいると、ものごとの全体が見えるようになる。これまでは自分にひどいことをした人を、激しくきらっていたかもしれないが、そういう人にだって欠落した行動以上の何かがある。そういう人の内面にも崇高な場所がある。ただそれにまだ気づいていないだけなのだと思えてくる。あなたは彼らの悲しみを思いやり、これまでのような厳しい評価ばかりはくださなくなる。

高みへと登る旅では、登っては足をとめて休み、また気を取り直して登ったりのくりかえしだ。スピリチュアルな旅も同じこと。ときには自分がもう成長をとめてしまったのかと思うこともある。でもそうではない。学んだことをまとめ、足場を固めているのだ。

道の途中では、あなたが生まれてこのかたつちかってきて、すっかり自分の一部になっている信条や行動を、根底から改めなければならないこともあるかもしれない。

ときには一瞬で「あっ、わかった！」と感じ、たちどころに変われると思うこともあるだろう。でも本当は、それまでに起きたことの結果として、突然何かがわかったような気がするだけなのだ。コンピュータと同じで、潜在意識も、あなたの知らないうちに検索や分類を進めていて、思いもよらないときに答えを出すことがある。

しかし、旅を進めていくにつれて、あなたはより頻繁にさまざまなものごとを見抜けるようになっていくだろう。意識が新しい考え方に反抗するのをやめ、柔軟になるだろう。ときどき、ついに自分は「極めた」と思った瞬間に、そうではないことを宇宙が思い知らせてくれることがある。常に謙虚でいられるように、私はレナ・ホーンというジャズシンガーのこんな言葉を言い聞かせる。「もうずいぶん遠くまで来たわ……たぶんね」。学ぶことに終わりはない。そして、経験ほどすばらしい教師はいない。

私は年をとることが楽しくて仕方がない。たくさんの経験を経て初めて、私たちの内面のパワーは、その輝かしさのすべてを発揮できるようになるのだ。

旅立つのは、今

マージェリー・ウィリアムズの*The Velveteen Rabbit*（『ビロードうさぎ』童話館出版）という童話の中に、私たちの旅がどれほど苦悶と恍惚に満ちたものかを示す、私のお気に入りの一節がある。物語の中で、革でできたウマとビロードのウサギは、「本物」になることについて次のように語り合う。

「ほんものになるって、くるしいの？」とウサギはききました。

「ときにはね」と、いつも正直な革のウマはいいました。「でも、ほんものになったら、もう苦しいのなんて気にしなくていいんだ」

「いっぺんになれるの？　ねじを巻いたときみたいに？　それともちょっとずつなるの？」

「いっぺんになれるわけじゃない。だんだんになっていくのさ。すごく長い時間がかかるんだ。だから、すぐこわれちゃうやつとか、とがった刃があるやつとか、大事にしまっておかなくちゃならないやつなんかは、なかなかほんものにはなれないんだ。

　ほんものになれるころには、たいてい、なでられすぎて体の毛はほとんど抜けちゃうし、目もとれちゃう。つぎ目もゆるゆるで、どこもかしこもボロボロになっちゃってる。

　でも、そんなことは気にしなくていいんだ、だってほんものになったら、もうみっともなくなんてないんだから。それがわからない人にだけは、みっともなく見えるだろうけどね」


あなたの行く手は興奮と驚きでいっぱいだ。ときには流れに乗って無我夢中になることもあるだろう。ときには道をはずれ、つらくてたまらなくなることもあるだろう。でもどんなときも、あなたはひとりぼっちではないことを思い出そう。

この世にはあなたを支えてくれるものがふんだんにある。行きづまったときはいつでも、手を差しだして救いを求めればいい。

生徒のひとりが「ありったけの本を読んだんですよ。いつかどれかが効いてくれますよね！」と言ったことがある。私はこう答えた。「とんでもない。あなた自身が努力してつかみとろうとしないかぎり、効き目なんかあらわれませんよ」

この本も、他のどんなものも同じことだ。効き目があらわれるのを待っていてはいけない！　自分自身でつかみとるのだ！

使ってみよう。やってみよう。吸収しよう。

高次の自己へと自分を持ち上げる筋肉は、鍛えなければ弱るだけだ。

行動しよう。あなたが動かなければ何も起きない。

人生に「イエス」と言おう。参加しよう。動こう。行動しよう。書こう。読もう。加わろう。意見を言おう。なんでもいい、あなたにとって必要なことをやってみよう！

ロロ・メイが『失われし自己を求めて』に書いたように、「一人ひとりにとって人生でどうしても必要なたったひとつのことは、みずからの潜在的な力を徹底的に活かしきること」なのだ。メイはまた、喜びは、人が持てる力を精一杯使いきったとき、その結果として湧いてくるもので、だからこそ、幸福ではなく喜びこそが、人生の究極の目標なのだと言っている。

喜びとは、私たちのスピリチュアルなものが放つあふれんばかりの情熱の姿だ。喜び——その特徴は、快活、ユーモア、笑い、そして明るさだ。

バランスのとれた、悟りの境地にまで達した人と会ってみると、豊かなユーモアと、みずからを笑い飛ばしてしまう力に驚く。そこにもろさはみじんもなく、流れるような柔軟さだけが残っている。

だからあなたも、何かに本気で取り組もう！　不安を押しのけ、今よりも大きな何者かになるために、本気で関わってみよう！

そのときあなたは、驚くべき存在になっているだろう。

本書は、一九八七年に刊行された『Feel the Fear… and Do It Anyway』（邦訳『とにかく、やってみよう！』大和書房、一九九九年）の改訂版として、二〇〇七年に刊行された原書を元に翻訳したものです。

弊社刊行物の最新情報などは
以下で随時お知らせしています。

ツイッター
@umitotsuki
フェイスブック
www.facebook.com/umitotsuki

とにかくやってみよう

不安《ふあん》や迷《まよ》いが自信《じしん》と行動《こうどう》に変《か》わる思考法《しこうほう》

2009年 9 月22日　初版第 1 刷発行
2018年 3 月 4 日　　第 4 刷発行

著者　スーザン・ジェファーズ
訳者　山内《やまのうち》あゆ子

印刷　萩原印刷株式会社

発行所　有限会社海と月社
〒180-0003　東京都武蔵野市吉祥寺南町2-25-14-105
電話0422-26-9031　FAX0422-26-9032
http://www.umitotsuki.co.jp

定価はカバーに表示してあります。乱丁本・落丁本はお取り替えいたします。

ISBN978-4-903212-13-5